O MINISTÉRIO
DA ANIMAÇÃO COMUNITÁRIA

Coleção Carisma e Missão

- *A árvore da vida* – Amedeo Cencini
- *Comunicação e vida comunitária* – Pedro Romero
- *Entre vós não seja assim: guia ao serviço de liderança* – Flávio Lorenzo Marchesini de Tomasi
- *Fraternidade a caminho: rumo à alteridade* – Amedeo Cencini
- *Integração comunitária do bem e do mal* – Amedeo Cencini
- *O ministério da animação comunitária* – Jaume Pujol i Bardolet
- *O respiro da vida* – Amedeo Cencini
- *Os conselhos evangélicos na ótica da comunicação* – Joana T. Puntel, A. Bastteti, F. Pratillo
- *Ouro testado no fogo* – Flávio Lorenzo Marchesini de Tomasi
- *Por um presente que tenha futuro* – José Arnaiz
- *Vida fraterna: comunhão de santos e pecadores* – Amedeo Cencini

Jaume Pujol i Bardolet

O MINISTÉRIO DA ANIMAÇÃO COMUNITÁRIA

A vida comunitária como profecia e missão

Dados Internacionais de Catalogação na Publicação (CIP)
(Câmara Brasileira do Livro, SP, Brasil)

Bardolet, Jaume Pujol I
   O ministério da animação comunitária : a vida comunitária como profecia e missão / Jaume Pujol I Bardolet ; [tradução Maria Luísa Garcia Prada]. – 2. ed. – São Paulo : Paulinas, 2008. – (Coleção carisma e missão)

   Título original: El ministerio de animación comunitaria.
   Bibliografia.
   ISBN 978-85-356-1127-4

   1. Vida comunitária 2. Vida religiosa 3. Vida religiosa e monástica I. Título II. Série

07-8167   CDD-248.894

Índice para catálogo sistemático:

1. Animação comunitária : Vida comunitária : Vida cristã   248.894

2ª edição – 2008

Título original da obra: *EL MINISTERIO DE ANIMACIÓN COMUNITARIA –*
La vida comunitaria como profecía y misión
© San Pablo Comunicación SSP, Madrid,1998.

Direção-geral:	*Flávia Reginatto*
Editora responsável:	*Vera Ivanise Bombonatto*
Assistente de edição:	*Valentina Vettorazzo*
Tradução:	*Maria Luisa Garcia Prada*
Copidesque:	*Maria Estela de Alcântara*
Coordenação de revisão:	*Andréia Schweitzer*
Revisão:	*Leonilda Menossi e Ana Cecilia Mari*
Direção de arte:	*Irma Cipriani*
Gerente de produção:	*Felício Calegaro Neto*
Capa:	*Cristina Nogueira da Silva*
Editoração eletrônica:	*Luiz Carlos Araujo*

Nenhuma parte desta obra poderá ser reproduzida ou transmitida por qualquer forma e/ou quaisquer meios (eletrônico ou mecânico, incluindo fotocópia e gravação) ou arquivada em qualquer sistema ou banco de dados sem permissão escrita da Editora. Direitos reservados.

Paulinas

Rua Pedro de Toledo, 164
04039-000 – São Paulo – SP (Brasil)
Tel.: (11) 2125-3549 – Fax: (11) 2125-3548
http://www.paulinas.org.br – editora@paulinas.com.br
Telemarketing e SAC: 0800-7010081

© Pia Sociedade Filhas de São Paulo – São Paulo, 2003

Aos religiosos e religiosas de todas as idades, especialmente aos jovens, que esperam encontrar nas comunidades um lar estimulante para sua vida e sua missão.

APRESENTAÇÃO

Na vida consagrada, é essencial que cada pessoa sinta ter uma *vida exuberante* que possa ser *irradiada* por meio da missão, exatamente como cristãos, ou seja, como seguidores de Cristo. Vale lembrar as palavras do próprio Jesus: "Eu vim para que tenham vida e a tenham em abundância" (Jo 10,10). Compete-nos, ainda, dar o nosso testemunho a partir de uma vida centrada no amor aos demais: "Nisto reconhecerão todos que sois meus discípulos: se tiverdes amor uns pelos outros" (Jo 13,35). É o testemunho mais convincente.

Além disso, qualquer ser humano precisa pertencer a um grupo no qual se sinta acolhido e protegido ao longo de sua existência. É uma realidade incontestável. E isso também se aplica ao religioso que, por um chamado do Senhor, deixa um ambiente, abrigando-se em outro, onde encontrará pessoas que deverão ser causa e efeito de sua vida afetiva, de seu amadurecimento humano e de sua realização pessoal.

Entretanto, não poucas vezes, e pode acontecer em qualquer estágio da vida, pode-se experimentar solidão, abandono, marginalização, situações essas que, se forem permanentes e crônicas, têm um efeito verdadeiramente destruidor sobre a pessoa.

Do mesmo modo, a sociedade atual pós-moderna, muito afetada pelo individualismo, facilita o surgimento de situações de afetividade interpessoal e grupal deficientes.

No âmbito da vida consagrada, verifica-se que, por um lado, tendo-se abrandado a disciplina e surgido maiores possibilidades de autonomia pessoal, facilitou-se o amadurecimento da vida fraterna nas comunidades.[1] Entretanto, por outro lado, essa situação também contribuiu para que se criasse um clima de certa desconfiança com relação à autoridade, favorecendo o individualismo,[2] resultando num *deficit* no acompanhamento das pessoas e, com isso, resultando numa experiência de maior solidão.

---

[1] CONGREGAÇÃO PARA OS INSTITUTOS DE VIDA CONSAGRADA E AS SOCIEDADES DE VIDA APOSTÓLICA (VFC). *A vida fraterna em comunidade*. 2. ed. São Paulo, Paulinas, 1994. p. 68, item 47: "É impressão difusa que a evolução destes anos contribuiu para fazer amadurecer a vida fraterna na comunidade. O clima de convivência, em muitas comunidades, melhorou: deu-se mais espaço à participação ativa de todos, passou-se de uma vida em comum demasiadamente baseada na observância a uma vida mais atenta às necessidades de cada um e mais cuidadosa no aspecto humano. O esforço de construir comunidades menos formalistas, menos autoritárias, mais fraternas e participativas é considerado, em geral, um dos frutos mais evidentes da renovação destes anos".

[2] Ibid., item 48: "Esse desenvolvimento positivo, em alguns lugares, correu o risco de ver-se comprometido por um espírito de desconfiança para com a autoridade. O desejo de uma comunhão mais profunda entre os membros e a compreensível reação contra estruturas sentidas como demasiadamente autoritárias e rígidas levaram a não compreender, em toda a sua importância, o papel da autoridade. (...) De tal modo, certo número de comunidades foi induzido a viver sem responsável e outras, a tomar todas as decisões colegialmente. Tudo isso implica o perigo, não só hipotético, de esfacelamento da vida comunitária, que tende inevitavelmente a privilegiar os projetos individuais e, ao mesmo tempo, a obscurecer o papel da autoridade. Esse papel é necessário também para o crescimento da vida fraterna na comunidade, além de necessário para o caminho espiritual da pessoa consagrada".

Tudo isso leva a redefinir a importância e a necessidade de uma melhor animação comunitária. Numerosas instituições religiosas no mundo inteiro têm ressaltado em seus Capítulos Gerais e Provinciais a importância da animação e do acompanhamento comunitários. Têm sido elaborados documentos a esse respeito. Insiste-se na missão do superior voltada às pessoas,[3] ao mesmo tempo que se afirma que é tarefa de toda a comunidade.

A animação comunitária, que propicia prazer no viver, fidelidade aos objetivos que lhe são próprios por vocação, confiança interpessoal, apoio e ajuda mútuos, etc., representa hoje um apelo institucional de cada uma das pessoas, sobretudo das mais jovens que orientam sua aspiração para uma comunidade viva e vivificante.

Fala-se de uma pastoral da animação comunitária, e esse é o ponto essencial, uma vez que isso não pressupõe que os religiosos devam ser tratados com inferioridade, mas como pessoas adultas, não obstante o peso que essa expressão carrega. Sentimo-nos adultos, mas nem sempre sabemos ou conseguimos tratar os outros como tais. A relação simétrica "adulto-adulto" nos parece mais difícil, talvez menos gratificante do

---

[3] Assim se insiste em EXORTAÇÃO APOSTÓLICA PÓS-SINODAL. *Vita Consecrata* (VC). 2. ed. São Paulo, Paulinas, 1996. p. 84, item 43: "Na vida consagrada, *a função dos Superiores e das Superioras*, mesmo locais, teve sempre uma grande importância, quer para a vida espiritual, quer para a missão. Nestes anos de experiências e mudanças, sentiu-se por vezes a necessidade de uma revisão de tal múnus. Contudo, importa reconhecer que quem exerce a autoridade *não pode abdicar da sua missão* de primeiro responsável da comunidade, qual guia dos irmãos e irmãs no caminho espiritual e apostólico".

que a relação assimétrica "adulto-inferior". Mesmo existindo a palavra "superior" (por não ter podido encontrar outra expressão para designar o primeiro responsável), no entanto, foi afastada a expressão "inferior".

Pela missão, estamos acostumados a uma relação assimétrica, de superioridade com relação aos outros. O pastoralista, o professor, o catequista, o ministro etc. são "os que sabem" e transmitem um saber, partindo de uma autoridade que lhes foi concedida, ao passo que, na vida comunitária, *todos somos irmãos,* e aqui reside a dificuldade principal, por causa do *imperialismo de cada eu.*

Portanto, entrar numa dinâmica de animação comunitária exigirá de cada um não só uma ascética e uma capacidade de diálogo, mas também uma preparação antropológica. Sentimo-nos mais aptos a lidar com adolescentes e jovens do que com adultos. As próprias convicções espirituais e religiosas poderiam constituir um bloqueio na animação comunitária.

Por isso, nas páginas deste volume, pretendo apresentar, em primeiro lugar, a situação atual no que se refere à animação comunitária, tanto da sociedade que desafia nossa tradição como do processo dos religiosos que não seguem todos o mesmo ritmo de atualização. Ocorrem "convicções" religiosas, em conseqüência de um insuficiente processo de renovação, as quais freiam ou bloqueiam, podendo até esmorecer, o fervor e o entusiasmo daqueles que pretendem uma atualização. No entanto, é preciso dizer que tampouco há certezas, ou evidências, e sim mais sondagens realizadas com boa vontade.[4]

Continuamente nos perguntamos: o que a comunidade anima? A resposta é que ela anima um trajeto que precisa ser percorrido em conjunto, saindo de um mesmo ponto de partida, como é a coerência entre a pessoa e a vocação. Esses dois conceitos não deveriam nunca estar separados e, a partir daí, tornar vivo o que é específico a uma comunidade de consagrados com um carisma concreto e dentro de sua missão característica. O amadurecimento pessoal realiza-se com os outros e graças a eles: o antropológico e o espiritual são objetos dessa animação comunitária, de modo que, dessa forma, a pessoa se sente potencializada para as diferentes facetas da vida.

Todos que compõem uma comunidade devem sentir-se animados por uma mesma identidade carismática e profética, que constitui seu ponto de partida, seu trajeto e sua meta. Todos têm em comum um "chamado de Jesus", que deve ser a causa do *cor unum*. Essa identidade configura as pessoas e as instituições nas quais trabalham e pelas quais trabalham. É imprescindível o hábito do discernimento espiritual, quer para aplicar convenientemente o carisma originário, quer por fidelidade aos carismas que continuam acontecendo.

---

[4] "Nestes anos de renovação, a vida consagrada atravessou, assim como outras formas de vida na Igreja, um período delicado e árduo. Foi um tempo rico de esperanças, de tentativas e de propostas inovadoras visando revigorar a profissão dos conselhos evangélicos. Mas foi também um tempo com suas tensões e angústias, ao longo do qual experiências, até mesmo generosas, nem sempre foram coroadas de resultados positivos" (VC 13).

Todos com uma única convicção: o ministério da animação comunitária é tarefa de todos, a partir de motivações e objetivos vocacionais idênticos. As diferenças de visão e entendimento devem ser motivo para enriquecer o *cor unum*. O progressivo envelhecimento das instituições religiosas não deveria justificar uma situação anacrônica no interior da sociedade atual. Os jovens que nos seguem precisam encontrar instituições religiosas de hoje, para hoje e para o amanhã.

As comunidades religiosas compõem-se de pessoas adultas, cada qual com sua própria orografia ao longo das diferentes décadas da vida adulta. A idade adulta tem o seu processo, já que o *homo religiosus* também é *homo anthropologicus*; ela também está submetida a crises, precisamente porque nem todas as décadas são iguais ou repetitivas, mas diferentes e evolutivas. Trata-se de que caminhem lado a lado o amadurecimento humano e o amadurecimento religioso: em simbiose, e não em detrimento um do outro.

Embora todos estejam comprometidos com a animação comunitária, o superior, entretanto, como primeiro responsável por ela, tem a obrigação especial de ser a alma, o motor e o propulsor da vida das pessoas da comunidade. Para isso, tem um "mandato" que lhe dá a devida autoridade. Em função de sua autoridade de influenciar e de sua presença benéfica, será o primeiro irmão e servidor da comunidade.

A animação comunitária subentende "acompanhamento" pessoal e comunitário. A própria dinâmica da comunidade deve incentivar que sua maneira de ser e existir seja já, por si só, acompanhamento comunitário.

É importante termos convicção da importância da animação comunitária; no entanto, é preciso saber aplicar os meios que a tornam realmente viável, os quais, sem dúvida, já estão contemplados nas constituições das congregações religiosas: a orientação ou a direção espiritual coletiva, a entrevista do superior com cada irmão, as reuniões comunitárias, a fácil comunicação interpessoal, a comunicação de experiências e a revisão de vida, os retiros periódicos e o anual, o projeto comunitário etc.

O projeto comunitário será um meio excelente para expormos nossas aspirações, nossos pontos de vista e para percorrermos juntos o caminho da vida pessoal e comunitária. É um meio de comprometer-nos uns com os outros com a mútua ajuda, com a renovação permanente e de continuar pondo em dia nossas instituições de missão.

Esse é o conteúdo deste livro, cujas páginas pretendem ser um veículo de ajuda na importante tarefa de intensificar nossa animação comunitária.

Por fim, não se trata simplesmente de a comunidade ter um bom funcionamento, aparente ou real, apesar de tudo, mas principalmente de essa animação comunitária permitir que cada pessoa percorra seu próprio caminho vital.

Capítulo I

A ATUAL SITUAÇÃO DA ANIMAÇÃO COMUNITÁRIA

Sociedade em processo de transformação: "crise de espírito" e "crise de sentido"

Após o Concílio Vaticano II e os posteriores Capítulos Gerais de renovação, já passamos por três décadas de mudanças aceleradas. A maneira e o sistema de vida comunitária de outra época passaram pela libertação e purificação de determinadas formas que, hoje, seriam anacrônicas e não coerentes com os valores humanos e espirituais que se postulam.

Se as heresias ao longo da história da Igreja tiveram a missão de questionar as certezas oficiais e precisar melhor as crenças, também o processo do nosso mundo interpelou a Igreja e as instituições religiosas e contribuiu para purificá-las de determinadas aderências e incrustações que, inclusive, eram vividas como sagradas, mas que, na verdade, nada tinham a ver com a mensagem do Evangelho; ao contrário, obscureciam-no.

Deu-se no mundo e, portanto, também na Igreja e na vida consagrada, uma mutação de valores que incidem em modalidades de práxis. Mesmo procurando viver com o mesmo Espírito e do mesmo Espírito, não o vivenciamos hoje da mesma forma que em épocas passadas. Além disso, conforme expressão de Charles Péguy, nosso século caracteriza-se pela "crise de espírito"; ou, conforme Paul Ricoeur, pela "crise de sentido". Também na Igreja e na vida consagrada somos influenciados pelo pós-modernismo e pela "Nova Era",[1] quer nos aspectos positivos, quer nos negativos. A passagem da *fuga mundi* para a "inserção ou encarnação com o mundo" não tem sido fácil. Permitiu-nos desfrutar de uma necessária adaptação, mas nem sempre nossas comunidades conseguiram "a transformação ou mudança profunda, a renovação, revitalização ou refundação da vida consagrada".[2]

Nós, os religiosos, estamos hoje pressionados pelas circunstâncias em mutação de nosso mundo que nos obrigam a colocar em dia o fazer de nossa missão.

---

[1] Para melhor compreensão do que significa a "Nova Era", cf. FERGUSSON, Marilyn. *La conspiración de Acuario*; transformaciones personales y sociales en este fin de siglo. 4. ed. Barcelona, Kairós, 1990. No prólogo desta obra, Salvador Pániker afirma que *"La conspiración de Acuario* de Marilyn Fergusson tem a ver com o desenho de uma nova cultura, com uma *nova maneira* de pensar, ou seja, usando a clássica expressão, com uma mudança de paradigma" (p. 9). Mais adiante (p. 11), Pániker define a Nova Era: "Essa *cons-piração* (etimologicamente, reunião de indivíduos que respiram conjuntamente) é a que descreve, a partir de diferentes perspectivas, o ensaio de Marilyn Fergusson. Mudança pessoal, mudança no sistema de valores, renascimento de um novo individualismo no marco de uma nova consciência ecológica: a autora convida cada leitor a engrossar o grupo dos *conspiradores*, pessoas que querem mais "cooperação" e menos "competição", mais sociedade civil e menos Estado. Busca-se, em última instância, explorar positivamente os encurralamentos da atual crise da civilização". Também pode ser útil a esse respeito a leitura de SUDBRACK, J. *La nueva religiosidad*. Madrid, San Pablo, 1990; e ANGLARÉS, M. *Nueva Era y fe cristiana*. Madrid, San Pablo, 1994.

[2] Cf. SÍNODO DE BISPOS SOBRE A VIDA CONSAGRADA. *Instrumentum laboris* 4.

A ATUAL SITUAÇÃO DA ANIMAÇÃO COMUNITÁRIA

E o *fazer* absorve nossa capacidade de *viver*, e por isso o modo de vida comunitário se ressente. É bem verdade que "a evolução destes anos contribuiu para fazer amadurecer a vida fraterna na comunidade" (VFC 47), contudo, também se produziu "uma certa fragmentação da vida comunitária, que tende inevitavelmente a favorecer o individualismo".[3]

Em "crise de transformação"

A história do mundo e, portanto, a história da salvação, não se limita a uma crônica de acontecimentos, mas trata-se de uma sucessão de mudanças em diversos âmbitos, em crenças e em maneiras de pensar e de viver. O processo de nosso mundo tem-nos questionado profundamente, tem-nos feito pensar, procurar o essencial e fundamental da vida consagrada e do carisma de cada instituto ou ordem religiosa. Afundou-nos numa crise de transformação; caminhou-se muito no sentido positivo, mas também nos colocou em situação difícil, tanto pela falta de vocações como pelo envelhecimento progressivo dos religiosos. Trata-se de uma crise que pede fidelidade criativa. Uma maior importância dada à promoção e à formação da pessoa, a crescente valorização dos relacionamentos interpessoais e toda a filosofia do personalismo de Mounier contribuíram positivamente, não há dúvida, mas nem sempre aproveitamos esses aspectos adequadamente e, por isso, também houve a perda de determinados valores

---

[3] Ibid., 48.

e um certo enfraquecimento da coesão e animação comunitárias. Tendo mudado os objetivos e os meios tradicionais de constituição comunitária, nem sempre encontramos o impulso e a coragem necessários, próprios de uma *comunidade de consagrados para uma missão.*

A observância comunitária foi suavizada, como deveria ser, uma vez que existiam práticas, consideradas sagradas, com pouca ou nenhuma conexão com o Evangelho, às quais se vinculavam a santidade, a fidelidade e a perseverança. Contudo, a tentativa de uma comunidade mais fraterna e evangélica não foi sempre possível, ou, pelo menos, da maneira como é proposta pelos novos documentos e que todos desejamos. É algo repetido pelos documentos oficiais da Igreja: "A qualidade da vida fraterna também incide poderosamente na perseverança de cada religioso. Do mesmo modo que uma baixa qualidade de vida fraterna freqüentemente tem sido apontada como motivo de não poucos abandonos, também a fraternidade vivida autenticamente constituiu e continua constituindo ainda um valioso apoio para a perseverança de muitos".[4]

Exigência de um processo de abertura para o futuro

Passamos de uma situação de observância religiosa dentro de uma estrutura de *conservação do passado* para outra de renovação no interior de um processo de *abertura ao futuro,* que vem até nós por meio da cons-

---

[4] Ibid., 57.

tante surpresa da novidade. E esse processo vai-se realizando com períodos de acertos, de desorientação e também de erros: "Nestes anos de renovação, a vida consagrada atravessou, como outras formas de vida na Igreja, um período delicado e árduo. Foi um período rico de esperanças, de tentativas e propostas inovadoras, visando revigorar a profissão dos conselhos evangélicos. Entretanto, foi também um tempo com suas tensões e angústias, ao longo do qual experiências até generosas nem sempre foram coroadas de resultados positivos" (VC 13).

Embora com dificuldades reais

Em nossas comunidades, convivemos com pessoas de diferentes mentalidades, formação e idade. Todavia, essas diferenças, que precisamente deveriam ser a base necessária para uma autêntica vida comunitária, vêm a ser, não poucas vezes, a causa de situações de indiferença, individualismo, independência e bloqueio comunitário. Existem comunidades com baixa qualidade de comunhão e de comunicação interpessoal, cujos membros, acossados pelo trabalho, têm deficiente oração comunitária, a fraternidade parece escamoteada e, assim, as pessoas sentem-se paralisadas em seu processo de amadurecimento pessoal por não poderem viver de maneira saudável sua afetividade pessoal, experimentando, inclusive, crises de identidade, já que o *fazer* absorve o *viver*, e o exercício da autoridade não é suficiente ou adequadamente exercido. Há também situações particulares e peculiares de religiosos que sofrem desequilíbrios de caráter ou mesmo certas patologias ou falta de adaptação[5] ou de saúde de diversas naturezas etc. Para fazer frente a tudo isso, é preciso que a comunidade seja reforçada em todos os seus aspectos.

Uma constatação: a defasagem entre os documentos e a vida real

As constituições de cada congregação ou ordem religiosa são bastante precisas, da mesma forma que existe farta proliferação de documentos; porém, a animação comunitária avança em ritmo mais lento. As circunstâncias da época atual obrigam que os religiosos vivam na dependência do *fazer*, isto é, do *posto de trabalho* e das exigências da obra na qual estão comprometidos. O aspecto contemplativo, que é o motor do ser do religioso, pode ficar um pouco de lado e, com isso, o testemunhal e profético poderia permanecer relegado ao segundo plano, para não dizer quase esquecido.

A mudança de sistema pede que se descubra a maneira de viver

Tendo mudado o nosso sistema de ser e de viver, movido pelo processo da história, precisamos também encontrar uma modalidade de existir como pessoas consagradas. A comunidade é um meio indispensável

---

[5] Cf. VFC 38: "Ocasião particular para o crescimento humano e a maturidade cristã é conviver com pessoas que sofrem, que não se encontram à vontade na comunidade e que, por isso, são motivo de sofrimentos para os irmãos, perturbando a vida comunitária".

para que isso se realize, por seus objetivos vocacionais e missionários; portanto, as tarefas não podem sufocar a qualidade da existência.

Não há como duvidar da importância da animação comunitária, tanto do ponto de vista teologal quanto psicoafetivo. Todo mundo precisa de uma referência para sua vida e para sua vitalidade. Da mesma forma que um fiel não pode viver desgarrado da sociedade, tampouco um religioso pode viver desgarrado de seu Instituto ou de sua comunidade, os quais ele precisa sentir como um lugar que lhe dá calor, proteção e razão de viver.

Diria mais: o futuro da vida consagrada vai depender da capacidade de viver seus próprios objetivos, que, nesse caso, virão a ser testemunhais e atrativos para as próximas gerações. Se em épocas anteriores houve uma pressão institucional para uma uniformidade na observância, hoje, o Espírito nos impele a nos unirmos num impulso comunitário nascido de uma coincidência de princípios e objetivos.

Uma tarefa fundamental: a animação comunitária

Portanto, constituir comunidades fraternas de consagrados para uma missão é uma tarefa fundamental para o nosso hoje. Montaigne, em *Ensaios,* diz que é preferível uma cabeça bem-feita a uma cabeça cheia. *Mutatis mutandis* poderia lembrar o conselho de Cirilo de Alexandria aos catequistas: "Cuidem para que os catecúmenos que forem batizar sejam pessoas bem feitas e não pedaços de pessoas". Assim, para que se constituam comunidades animadas, é preciso que nelas existam "pessoas bem-feitas"; por isso, deve-se prestar atenção aos elementos antropológicos (psicológicos, sociais...) e sobre eles assumir os elementos teológicos de uma comunidade de consagrados. Bom trabalho!

Em resumo, hoje, a animação comunitária encontra-se demarcada por coordenadas muito diferentes de décadas anteriores; por isso, corresponde-lhe um trabalho de contínuo discernimento e de projeção para o futuro. Conforme McLuhan, trata-se de ser o *terceiro homem*, ou seja, o homem cujo presente está impregnado de passado e que se inclina para o futuro. É o *homem profético*, é o *homem novo*.

Hoje, vivemos na pós-modernidade, e o homem tornou-se muito vulnerável; conseqüentemente, o mesmo ocorre com a vida comunitária. O individualismo,[6] a busca do bem-estar, a ruptura com as instituições, a minimização da disciplina, o culto à própria pessoa etc. são características de nossa época que repercutem negativamente na capacidade de comunhão e de comunicação interpessoal e, por conseguinte, no coeficiente de fraternidade.

---

[6] MUTIS, A. *La conspiración de los zombies*. ABC, 16 de abril de 1997: "Jamais em sua vida sobre a terra o homem esteve tão só, tão isolado de seus semelhantes, tão acossado por suas próprias invenções destinadas a apagar nele até o último traço de humanidade, como nesta época...".

Capítulo II

A COMUNIDADE É ANIMADORA... DE QUÊ?

A partir da coerência "pessoa-vocação"

Durante a vida de toda pessoa humana, deve existir uma coerência entre os elementos "pessoa-vocação-objetivos", ou seja, a maneira de ser e de agir da pessoa deve estar de acordo com os objetivos da vocação que assume e vive. Qualquer vocação exige total dedicação,[1] uma vez que não podemos confundir vocação com profissão; a profissão é algo para exercer; e a vocação é algo para viver, embora também peça o exercício de uma profissão, naturalmente. Do mesmo modo, conforme expressão de Tillard,[2] deve existir coerência

---

[1] Diz-se que uma pessoa tem vocação quando manifesta um desejo, uma aspiração de futuro; a vocação não se explica, constata-se. A vocação implica uma motivação poderosa que se desenvolve como um chamado interior provocado ou não pelas necessidades da sociedade que a rodeia. Comporta uma paixão no exercício de uma atividade que se regula por uma exigência interior e significa desinteresse, luta, abnegação; experimenta-se uma satisfação que permite superar as dificuldades. Da mesma forma, a expressão "ter vocação" significa "estar qualificado para" (cf. SAUVAGE, M. Vocation. In: *Dictionaire de Spiritualité*. pp. 1092-1093).

[2] Cf. TILLARD, J. M. R. *El proyecto de vida de los religiosos*. PCL. pp. 73-76.

23

entre os elementos deste outro sistema ternário: "vo-cação-felicidade-graça", três realidades que precisam coincidir na pessoa do religioso. Em nenhum caso deveria existir uma delas com exclusão de qualquer das outras duas. O incremento da graça deveria levar a maior vocação e, portanto, a maior felicidade, do mesmo modo que a intensidade na vocação reclama maior graça e felicidade; uma maior sensação de felicidade deveria advir da graça da vocação.

É evidente que a vocação advém da felicidade e, mais do que isso, pretende a felicidade. Deve ser possível dizer: "Escolho esta vocação porque me agrada". E assim a fidelidade consegue-se dia após dia ao estar aberto à busca da felicidade na própria vocação. E acrescenta Tillard: "Não se pode escolher verdadeiramente uma vocação sem escolher ao mesmo tempo seu próprio prazer... Contudo, escolher seu próprio prazer representa e exige renunciar a outros prazeres competitivos da legítima felicidade...; por isso, o prazer concebido deste modo é gerador de ascese".[3]

É fundamental que as pessoas consagradas que compõem uma comunidade partam desses pressupostos, uma vez que, para constituir uma comunidade de religiosos, embora seja com pessoas *heterogêneas*, deverá existir *coincidência e compatibilidade* nos pontos de vista, nos princípios que as sustentam e nos objetivos que perseguem. Significa que algumas pessoas humanas formam uma comunidade, vocacionadas e presididas por um carisma que lhes exige um trabalho realizado com competência.

---

[3] Ibid., p. 76.

O específico de uma comunidade de consagrados

Começarei descrevendo o que é específico de uma determinada comunidade de consagrados: a vocação por um carisma concreto e para um carisma concreto. O capítulo primeiro das Constituições de cada Instituto descreve seu fim, sua razão de ser e de existir. Essa descrição pretende constituir a unidade de todos os seus membros nas respectivas comunidades, de acordo com o seu contexto sociocultural. Contudo, iremos por partes.

As pessoas que fazem parte de uma comunidade têm todas a mesma *vocação* para uma *missão* concreta. Deverá existir uma consciência de um "chamado específico" que parte de um radicalismo evangélico comum e especial (VC 1,14). Esse pressuposto permite fazer que a comunidade tenha uma referência comum e seja objeto de esforços comuns. Constituirá uma saudável tensão teocêntrica e cristocêntrica animada pelo Espírito Santo. A referência à Virgem Maria, modelo de consagração e seguimento (VC 28), será seu paradigma de referência. Essa constatação tornará mais fácil para a comunidade ser fiel à sua dimensão contemplativa, uma vez que "todos os filhos da Igreja, chamados pelo Pai a 'escutar' Cristo, devem sentir *uma profunda exigência de conversão e de santidade*. E, como se colocou em relevo no recente sínodo sobre a vida consagrada, essa exigência refere-se, em primeiro lugar, à vida consagrada. Com efeito, a vocação das pessoas consagradas de procurar primeiramente o Reino de Deus é, sobretudo, um convite à plena conversão, à renúncia de si mesmo para viver totalmente no Senhor, a fim de que Deus seja tudo em todos. "Chamados a contemplar e a testemunhar o rosto 'transfigurado' de Cristo, os consagrados são chamados também a uma existência transfigurada" (VC 35).

Conseqüência lógica do anterior é a vida de *consagração*, ou seja, de pessoas em aliança permanente com Deus, com um tipo de existência comum. Essa consagração vive-se em uma comunidade fraterna e a partir dela. E, desde essa identidade, comprometidos todos na *missão de Cristo*, desde o próprio carisma de fundação.

E como toda teologia advém de uma visão das realidades terrenas a partir de Deus, essa consideração permite que a teologia da vida consagrada evolua e se aprofunde com o passar do tempo e, por isso, exige das pessoas consagradas estudos, leituras, sessões e cursos de aprofundamento e atualização dos pressupostos teológicos que precisam constituir sua razão de agir, uma vez que "não tendes apenas uma história gloriosa para recordar e narrar, mas *uma grande história a construir*".[4] Para isso, deverão aprofundar os conceitos de seguimento de Cristo, vocação, consagração, comunidade fraterna, missão, conselhos evangélicos, carisma próprio etc. Ao lado desse estudo, deve-se procurar viver uma vida

---

[4] Seguidamente, o Papa reforça: "Fazei da vossa vida uma ardente expectativa de Cristo, indo ao encontro dele como virgens prudentes que vão ao encontro do Esposo. Permanecei sempre disponíveis, fiéis a Cristo, à Igreja, ao vosso Instituto e ao homem do nosso tempo. Deste modo, sereis renovados por ele, dia após dia, para construir com o seu Espírito comunidades fraternas, para com ele lavar os pés dos pobres e dar a vossa insubstituível contribuição para a transfiguração do mundo" (VC 110).

coerente com esses pressupostos, motivo pelo qual a vida de oração e a contemplação serão essenciais e fundamentais, já que não se trata apenas de saber e conhecer, mas, ao mesmo tempo, de ser *sinal de transparência escatológica* — "proclama profeticamente a transcendência absoluta de Deus" (VC 23).

Contudo, essa finalidade teologal não é suficiente se lhe faltar uma sólida base antropológica, que pode ser resumida como o normal amadurecimento progressivo da pessoa. A pessoa saudável é a base para uma pessoa santa. A antropologia sempre foi o ponto de partida de toda vida teocêntrica e de todo exercício da missão. Daí parte o amadurecimento pessoal.

O amadurecimento pessoal no interior de uma comunidade saudável

O amadurecimento pessoal pressupõe equilíbrio afetivo, que se consegue no seio de uma comunidade saudável. E assim a pessoa consagrada pode crescer humana, espiritual e carismaticamente. Trata-se de um trabalho constante tanto da parte da instituição como dos superiores e irmãos da comunidade. "A vida fraterna em comum exige da parte de todos um bom equilíbrio psicológico, dentro do qual possa amadurecer a vida afetiva de cada um. Componente fundamental desse amadurecimento é, como já lembramos, a liberdade afetiva, graças à qual o consagrado ama sua vocação e ama de acordo com sua vocação. É justamente essa liberdade e maturidade que permitem viver bem a afetividade, tanto dentro como fora da comunidade" (VFC 37).

Do ponto de vista prático, é uma questão de cada religioso procurar cultivar em si um conjunto de atitudes: capacidade de ser autêntico, de envolver-se, de analisar as situações vividas, de auto-avaliar-se, de autocriticar-se, de viver e controlar as próprias emoções, de calar-se e de calar, de falar-se e de falar, de flexibilidade de atitude, de receber a agressividade e a frustração sem angústia; capacidade de lucidez, de discernimento nas ambigüidades, de viver e de expressar o próprio medo, de entrar na ideologia e na evolução dos tempos, de descobrir os próprios sentimentos de insegurança, de angústia, de tristeza, de avaliar o próprio processo dinâmico da busca da verdade, de refletir sobre o próprio comportamento, de escolha responsável em contraste com os comportamentos socioculturais, de entrega, de luta pela justiça e pelo melhoramento da sociedade etc.

O que a comunidade anima?

Finalmente, o que anima a comunidade religiosa? Pois anima um conjunto de elementos vitais dos quais é preciso ter consciência, uma vez que o antropológico e o espiritual constituem uma unidade única e inseparável: não existe um sem o outro. A comunidade como um todo é co-responsável pela realização dessa unidade e da missão que lhe foi atribuída. Por isso, ao mesmo tempo que será preciso levar em conta o dom da vocação, da consagração, da comunhão e da comunidade com uma característica específica no interior da Igreja e do mundo, ao qual deve servir pela missão, também será preciso considerar a progressiva construção da comunidade que nos faz crescer e amadurecer, que nos dá uma identidade pessoal no interior da identidade da instituição; enfim, que existe uma afetividade, digamos, um *afeto (ad fectus)*, isto é, uma relação para irmãos ou uma relação interpessoal entre *irmãos*, com o vaivém constante do "eu-você-nós". E, sobre o lado pessoal, no decorrer dos anos, um ou outro pode vir a experimentar fases curtas ou prolongadas de desadaptação psicológica, que deverão ser da responsabilidade fraterna de toda a comunidade.

Desse modo, apontando todos para os mesmos objetivos e interesses comuns, a comunidade será a vida para os propósitos da Congregação e será um meio eficaz para um bom relacionamento entre as pessoas que a compõem, uma comunidade alegre com toda a sua razão de existir, com todos recebendo a vida das mãos e do olhar dos demais. E também nosso abatimento procede em grande parte do insucesso das relações interpessoais e do fato de não encontrarmos uma comunidade acolhedora onde a afetividade possa ser normalmente desenvolvida.

A comunidade potencializa ou limita a pessoa?

Parafraseando Roger Mucchielli,[5] é perfeitamente possível afirmar que, pelo fato de pertencer a uma comunidade, podem-se inferir experiências contrárias,

---

[5] Cf. MUCCHIELLI, R. *La conduite des réunions*. Éditions ESF, 1970. p. 6.

algumas positivas e outras negativas. Pertencer a um grupo pressupõe estar vinculado a ele e, portanto, estar amarrado a ele. É conseqüência de uma escolha pessoal, e experimentamos uma dupla vertente: se, por um lado, sentimos que a comunidade nos enriquece, que é causa de esperança e de promessa, por outro, temos a impressão de estarmos empobrecendo por pertencer a uma comunidade que parece limitar nossas aspirações e nossas possibilidades. Dá-se uma osmose entre a pessoa e a comunidade: o grupo comunitário "habita-nos"..., e cada pessoa "habita no grupo comunitário", impregnando-o com sua própria originalidade e sendo causa de suas normas explícitas e implícitas; e, também, de alguma maneira, o grupo "nos provoca".

Ao pertencermos a uma comunidade, sentimos a necessidade de estar identificados com ela de algum modo, como conseqüência da "segurança" que esperamos vir ao nosso encontro: o grupo comunitário é o nosso *habitat*. Por isso, utilizamos as expressões "nós somos assim" (sentimento da originalidade própria do grupo), "nós pensamos assim" (expressão da ideologia que é própria do grupo), "nós fazemos assim" (com relação à metodologia particular do grupo).

Nessa dialética, muitas vezes difícil, com o fim de se alcançar um equilíbrio na relação "pessoa-comunidade", enumero a seguir algumas reflexões, partindo das acusações que se fazem aos grupos comunitários:

1) • Enquanto há pessoas que acreditam que o grupo "mata a personalidade" no que ela tem de dinâmico e criador, pois parece que

ele só está disposto a recompensar o *conformismo*; e, além disso, manifestam inquietação e mal-estar diante da novidade e da criatividade que vão surgindo independentemente das previsões normais do viver cotidiano; e há aquelas pessoas que têm a impressão de que o grupo não pode entrar em acordo, a não ser sobre questões intranscendentes, perpetuando uma determinada forma de viver;

- há outras pessoas que sustentam que, apesar das aparências contrárias, a comunidade "potencializa a personalidade". Sem os outros, as pessoas experimentam uma real pobreza de sua singularidade e de sua participação; com os outros, cada pessoa se enriquece, apesar das tensões e renúncias que isso implica; e também cada qual se sente questionado e cobrado a respeito da consecução dos valores que de fato enriquecem a pessoa. Porque, em grupo, embora cada qual viva a defectibilidade dos outros, também se beneficia de sua positividade e das qualidades que lustram e abrilhantam cada um. Contudo, só se consegue reconhecer essa realidade posteriormente e depois de superados e assumidos os momentos de limitação a que também o grupo se submete.

2) • Enquanto existem os que acreditam que o grupo "mata a responsabilidade" das pessoas, porque se tem a impressão de que

cada um tenta transferi-la para os outros, sobretudo naquilo que ultrapassa o compromisso pessoal, e verifica-se uma certa indiferença pelas tarefas e pelos interesses comuns, a fim de limitar-se aos interesses e responsabilidades atribuídos a cada um;

- outras pessoas acreditam que, quando existe um legítimo grupo comunitário, quer dizer, com relações interpessoais fraternas, fica "potencializada a co-responsabilidade", uma vez que cada qual se sente solidário e suporte do trabalho dos demais... Além disso, o trabalho e as atividades de cada pessoa são do interesse de toda a comunidade, em virtude do fato de que cada religioso "é enviado" por sua comunidade para realizar o trabalho que lhe foi encomendado.

3) • Também existem aqueles que opinam que o grupo é "estéril", ou seja, infecundo, e que se perde muito tempo quando se resolve em comum, porque surgem discussões intermináveis, difíceis de suportar para determinados temperamentos ativos e pragmáticos; vivem-se tensões psicológicas porque o meticuloso não assume nunca a opinião geral e vai-se aprofundando, discutindo por detalhes tidos sem importância pela maioria; o escrupuloso não pára de afirmar suas reservas; o espírito lerdo continua pedindo explicações infinitamente; e, quando parece que se está chegando a uma conclusão, manifestam-se certos espíri-

tos pragmáticos que parecem desacreditar de qualquer iniciativa, apoiando-se na sabedoria da experiência e no peso da tradição; e há também o espírito medroso e pusilânime, que não se pode abrir à mais pequena novidade sem experimentar um enorme medo em sua consciência.

- Outros, ao contrário, acreditam que o grupo comunitário, precisamente por sua dinâmica de inter-relação e a obrigatória escuta de uns aos outros, em que pese suas próprias originalidades, permite não radicalizar ao extremo os próprios pontos de vista e descer da segurança de suas intuições e da vaguidade de suas simplificações, caminhando para critérios mais adequadamente ajustados e enriquecidos. E, assim, o grupo torna-se "fecundo".

4) • Há ainda os que acreditam que o grupo é "lerdo", ou seja, que investe em um tempo que se desperdiça, enfim, "perde-se tempo", porque o que poderia ser decidido num tempo mínimo, o grupo leva muito mais tempo para deliberar;

- outros acreditam justamente que, em comunidade, é importante não agir apressadamente por decisões impostas a partir das intuições de um ou outro dos membros da comunidade, mas pelo "consenso" de todos.

O acordo comum é muito mais importante e, sobretudo, mais benéfico para a comunidade do que impor apressadamente a intuição de um ou outro, por mais acertada que ela possa ser. É necessário tempo para chegar a um acordo; não se trata de impor o que deve ser feito, mas de "encontrar" a comunidade na descoberta da vontade de Deus pela via da fraternidade reunida em torno do Senhor.

Condições para a existência do grupo comunitário

É da maior importância que a pessoa se identifique com o grupo comunitário a que pertence: dessa maneira, consegue considerá-lo coisa própria. A ele entrego e dele recebo.

Em comunidade, são postos em comum dois aspectos:

- A *vida*, pela convivência, com estilo comum de vida característico do grupo de pertença. Não só "uns-ao-lado-dos-outros", e sim "uns-com-por-para-os-outros"; implica mútua interdependência. Pede morrer para um certo aspecto da vida "para-si", com o fim de "viver-para-os-outros".

- O *trabalho*, pelo qual todos os membros da comunidade se unem num empenho comum, com interesses e objetivos comuns.

Isso posto, os dois aspectos realizam-se ao mesmo tempo. Pode existir a tentação de deslizar para um aspecto em prejuízo do outro: por exemplo, mergulhar no trabalho para evitar as amolações próprias da vida em comum; ou, ainda, pretender algumas expectativas e exigências na vida comunitária por insatisfação no trabalho ministerial ou em outro aspecto da vida. Na vida religiosa, a vida comunitária é essencial e não deveria ser substituída por sucedâneos no trabalho, por mais que este pudesse ser sublimado com intencionalidade apostólica ou de Reino.

Do mesmo modo, deve-se estabelecer uma adequada dialética entre o pessoal e o comunitário. Não se pode imaginar que um aspecto deva prevalecer sobre o outro: pelo contrário, cada elemento está em função da potencialização do outro. Daí os dois aspectos serem complementares entre si e mutuamente enriquecedores e enriquecidos.

A dialética entre o "pessoal" e o "comunitário" reportará progressivamente o processo para:

- *Um interesse comum* nos diferentes membros da comunidade, como resultado de pôr em comum os "interesses pessoais"... Inclusive, partindo da experiência dos interesses pessoais, estes se potencializam e incrementam, tanto em benefício de cada um como da comunidade. Há uma vida e uma vitalidade surgidas da morte do individualismo extremado.

- *Um espírito comum* a partir da exposição do espírito ou maneiras de ver de cada um. Cada membro fica enriquecido tanto pela escuta dos demais quanto pela interpelação que recebe a partir dessa escuta, de seus pontos de vista e critérios de avaliação etc.

- *Um acordo comum* pela exposição dos sentimentos de cada um. Dessa maneira; beneficiamo-nos da sensibilidade dos outros e enriquecemo-nos com ela. Além disso, encontramo-nos todos na mesma esfera, o que produz maior efetividade na ação e maior possibilidade de vivência da fraternidade evangélica, primordial objetivo comunitário.

Assim também, para que haja verdadeiramente um grupo comunitário, é importante que aqueles que o constituem consigam tornar possível um processo de:

- Sentimento de *agradável pertença* à comunidade. Cada religioso deve sentir-se alegre de pertencer à "sua comunidade", como algo muito seu, naquilo que ela tem de positivo ou negativo, sem fanatismos nem atitudes de menosprezo. Pertencem-nos tanto as qualidades quanto os defeitos de nossas comunidades. Apreciamos e estimamos nossa comunidade não tanto porque é boa, mas porque é "nossa". Os defeitos tampouco chegam a ser causa suficiente de desafeto comunitário, mas servem para que se aceite a realidade à qual pertencemos.

- *Libertar a palavra.* Existem atitudes comunitárias positivas e favoráveis a um clima de confiança, que permite a manifestação livre das próprias opiniões; da mesma maneira, a atitude tensa ou desconfiada na comunidade freia a capacidade de dizer e de manifestar-se e propicia o nascimento de tensões e bloqueios diante de medos não declarados e freqüentemente aumentados pela imaginação.

- *Assumir as diferenças*. É normal em qualquer comunidade que haja pessoas "diferentes", em idade, critério, formação, ideologias, aspirações... A comunidade não pode, de maneira alguma, reduzir as diferenças, impondo que as pessoas se ajustem a um padrão comum determinado; mas, ao contrário, deve ver nas diferenças fontes de potencialidade e de energia comunitária.

- *Expor os conflitos*. Como qualquer ser vivo, a comunidade está sujeita a tensões e conflitos, por meio dos quais "cresce e re-cresce". Trata-se de afastar o medo dos conflitos e ter a coragem de colocá-los em comum, por mais que isso possa pressupor ter de superar os maus momentos que essa atitude acarreta. Certamente, a comunidade ganha quando é capaz de superar certas situações conflitantes. É sinal de solidez e boa saúde comunitária refletir acerca delas; seria fraqueza comunitária ter interesse em ignorá-las, escamoteá-las ou marginalizá-las...

Por fim, o processo de experiência comunitária pressupõe passar pelas seguintes experiências:

- *Solidariedade* de uns para com os outros; pelo princípio da caridade fraterna e pelo fato de estarmos convivendo com nossos irmãos de comunidade, não nos desinteressamos dos seus êxitos, insucessos, planos ou possíveis problemas. Na comunidade, encontramos, ou precisamos encontrar, o "apoio" que cabe esperar pelo fato de termos colocado a vida em comum. Necessitamos desse apoio do ponto de vista antropológico, psicológico, moral, religioso etc., uma vez que nunca é bom estar só.

- *Pertença a uma realidade coletiva*, ou seja, a um grupo no qual podemos colocar nossos ideais em comum, os objetivos que são próprios dos ideais, as aspirações e as esperanças de cada um.

- *As experiências do próximo* como terceiro questionador. Nem sempre achamos ou sentimos que o outro nos faz bem; muitas vezes temos a impressão de que estamos sendo interceptados; no entanto, também, mais cedo ou mais tarde, experimentamos o bem que a interpelação do "próximo" produziu em nós.

Por isso, existem "condições" que é preciso saber assumir devidamente para conseguir viver comunitariamente. A vida comunitária não se dá, mas consegue-se sempre que se souber viver a realidade da vida e da interação pessoal. Os valores, mesmo os que são um dom de Deus, não nos vêm de maneira natural, mas são alcançados pelo caminho da conquista.

Escalas de apreciação da comunidade

São inerentes à pessoa o desejo e a expectativa de sentir-se bem dentro da comunidade da qual se faz parte; nada é mais temido que a possibilidade de não se sentir acolhido, aceito, integrado ou ser mal interpretado. Por isso, a comunidade é um lugar de vida ou morte...

Contudo, a avaliação que se faz sobre o funcionamento da comunidade é sempre subjetiva e conseqüência da própria afetividade vinculada ao grupo; igualmente, avalia-se uma comunidade, ou mesmo uma reunião comunitária, como resposta à satisfação ou insatisfação com relação às esperanças e expectativas colocadas no grupo a partir do momento em que foi escolhido como lugar e modo de vida pessoal para o resto da vida.

E assim é que a "apreciação ou avaliação do grupo comunitário" — seja no sentido positivo ou negativo — pode estar centrada ou ter início:

- *Nos desejos pessoais*, dependendo da pessoa em questão, desejar ou não satisfazer um sentimento de "dependência", ou abrigar o desejo de "ser considerada" e "reconhecida", se é capaz de encontrar um canal para o seu instinto de "dominar", se encontra o meio de satisfazer sua "agressividade" contra determinadas pessoas ou líderes surgidos no grupo; ou se pôde expor seus próprios problemas de maneira satisfatória etc.

- *No próprio grupo*, no caso de superestimar e considerar muito importante um determinado grau de confiança, de mútua compreensão, convivência, possibilidade de expressar-se amplamente diante dos demais, capacidade de encontrar soluções para os problemas que vão surgindo, de manter relacionamentos fáceis e cordiais, de criar um clima agradável no grupo. Quer dizer, avalia-se o grupo de acordo com o grau de amadurecimento a que tenha chegado em seu desenvolvimento, porque está centrado nos valores do grupo como tal.

Capítulo III

BASE E OBJETIVO DA ANIMAÇÃO COMUNITÁRIA
A identidade carismática e profética

Um ponto de partida comum

Quando algumas pessoas vivem em comum e compartilham uma vida isso significa que estão de acordo em um ponto de partida, ou seja, coincidem em uma base comum e aspiram aos mesmos objetivos. Dito de outro modo, mais concreto, têm um *interesse comum*, um *espírito comum* e um *acordo comum*,[1] mesmo contando com as peculiaridades normais de cada um e suas diferenças pessoais de critérios, temperamentos ou características. Um paradigma a esse respeito podemos encontrar no grupo dos apóstolos escolhidos por Jesus: todos diferentes sob vários aspectos, porém, todos ao redor de Jesus; Pentecostes unificará no essencial, sem uniformizá-los.

---
[1] "Viver em comunidade, na verdade, é viver todos juntos a vontade de Deus (...)" (VFC 45).

A identidade é um fenômeno que surge da dialética entre a pessoa e a sociedade ou entre uma coletividade e a sociedade; portanto, consegue-se no e a partir do interior de um determinado mundo social, que hoje é um mundo móvel. Não existem identidades universais, fixas e válidas para sempre, uma vez que estão condicionadas aos sucessivos "aqui e agora" de uma existência.

O chamado de Jesus, causa do *cor unum et anima una*

Se a sociedade é móvel, é natural que as instituições de missão e seus agentes sintam-se perplexos e que ocorram crises de instituição e de vocações. Em razão disso, é necessário partir todos da convicção de crescer na existência cristiforme: "O fundamento evangélico da vida consagrada há de ser procurado naquela relação especial que Jesus, durante a sua existência terrena, estabeleceu com alguns dos seus discípulos, convidando-os não só a acolherem o Reino de Deus na sua vida, mas também a colocarem a própria existência a serviço dessa causa, deixando tudo e imitando mais de perto a sua *forma de vida*" (VC 14).

É imprescindível na animação comunitária que todos se sintam *chamados por Jesus* para esse gênero de vida religiosa e procurem vivê-lo. É um ponto de encontro das diferenças e das aspirações de todos e de cada um. Essa tomada de consciência é causa do *cor unum et anima una* no interior de um enriquecedor pluralismo de pessoas com suas mentalidades diversas, e

BASE E OBJETIVO DA ANIMAÇÃO COMUNITÁRIA: A IDENTIDADE CARISMÁTICA E PROFÉTICA

todos "proclamando profeticamente a transcendência absoluta de Deus sobre todos os bens criados" (VC 23).

"A consagração religiosa estabelece uma comunhão particular entre o religioso e Deus e, nele, entre os membros de um mesmo instituto. Esse é o elemento fundamental na unidade de um Instituto. Tradição compartilhada, trabalhos em comum, estruturas racionais, recursos combinados, constituições comuns e espírito de corporação são todos elementos que podem ajudar a construir e a fortalecer a unidade; porém, o fundamento da unidade é a comunhão em Cristo estabelecida pelo único carisma de fundação. Essa comunhão está enraizada na própria consagração religiosa."[2]

No entanto, esse *chamado* não é estático, e sim dinâmico, porque o Espírito atua constantemente. E esse dinamismo é exercido mediante o *impulso profético* e a *identidade carismática* constitutivos de toda vida consagrada.

O impulso profético na vida consagrada

O *impulso profético*[3] é indispensável, uma vez que a vida consagrada acentua o caráter profético da

---

[2] CRIS – CONGREGACIÓN DE OBISPOS. *Instrucción: Elementos esenciales de la doctrina de la Iglesia sobre la vida religiosa* (1983) 18.

[3] Paulo VI, na exortação apostólica *Evangelica testificatio* 12, de 1971, fala de *impulso interior*: "O impulso interior suscita certas opções fundamentais... Toda instituição humana está assediada pela esclerose e ameaçada pelo formalismo... Portanto, é necessário reavivar incessantemente as formas exteriores por meio desse impulso interior, sem o qual ficariam convertidas bem depressa em uma carga excessiva".

Igreja.[4] A vida consagrada tem seu desenvolvimento no "aquém" do Reino, sempre movida e motivada pelo escatológico, ou seja, pelo "além" do Reino. Daí podermos afirmar que pertence à ordem da profecia,[5] que é um dos dons do Espírito (cf. 1Cor 12,4-11). Por uma leitura analítica da *identidade do profeta,* pode-se inferir a *identidade profética do religioso.* Na Bíblia, consta-se que Deus dirige a história de seu povo, a Igreja, por meio da vitalidade e do dinamismo que nele suscita, por meio dos múltiplos carismas que constantemente distribui conforme seu beneplácito. Deus é quem instrui, rege, salva e cura o seu povo. Constitui alguns como apóstolos; outros, doutores; outros, profetas. A vida consagrada, por estar motivada e predizer os valores definitivos, parece ter grande participação na dimensão profética da Igreja, tanto por sua essência quanto por sua missão característica.

Os diversos significados da palavra profeta, tanto no Antigo como no Novo Testamento, subentendem expressões como "emitir uma voz, anunciar, fluir, brotar, derramar... ser chamado, aquele que tem uma vocação... aquele que fala em nome de Deus". Concebe-se o profeta como uma pessoa em íntima relação com Deus e com os homens; simultaneamente o profeta é

---

[4] "O caráter profético da vida consagrada foi posto em grande relevo pelos Padres sinodais. Apresenta-se como *uma forma especial de participação na função profética de Cristo,* comunicada pelo Espírito a todo o Povo de Deus. De fato, o profetismo é inerente à vida consagrada como tal, devido ao radicalismo do seguimento de Cristo e da conseqüente dedicação à missão que a caracteriza" (VC 84).

[5] Cf. PUJOL, J. *El futuro de la vida religiosa laical.* ViRel 63/8 (15 de maio de 1987), pp. 195-205, e 63/9 (1 de junho de 1987), pp. 232-238.

um homem de oração pessoal e comunitária em favor do povo, ao mesmo tempo que se manifesta vitalmente comprometido em favor de seus contemporâneos, com os quais e pelos quais reza e luta. O profeta é o homem religioso que, tendo o *Espírito de Javé, inspira e contagia* ao seu redor (1Sm 19,18-24; 10,6), uma vez que crê num Deus salvador e vitalizador. É o homem inserido em seu tempo que procura compreender a mensagem dos sinais dos tempos, é o homem do futuro. Por isso, "profetizar" é ser chamado por Deus para permanecer com ele, receber seus oráculos e, acima de tudo, converter-se em portador do sopro salvador e libertador.

Os "profetas" transmitem uma palavra que não procede da tradição, mas do próprio Deus. Falam de assuntos atuais e encontram-se vitalmente comprometidos neles, com os correspondentes riscos que tal atitude comporta. E é assim que, no ciclo de Elias e Eliseu, podemos encontrar os elementos estruturais da vida consagrada, sobretudo atendendo à escola dos profetas.

Essas precisões reafirmam uma concepção profética da vida consagrada na Igreja, ainda mais se considerarmos que suas diversas modalidades foram suscitadas por Deus ao longo da história da Igreja para um desafio a ela e ao mundo, na linha do Evangelho. Também Jesus Cristo "foi um profeta poderoso em obra e em palavra" (Lc 24,19); foi um personagem de sua época, clã, família e, ao mesmo tempo, foi "outro" (por sua linguagem, comportamento e atitudes). As pessoas viam em Jesus um profeta que se comportava como tal.

Tanto o profetismo do Antigo Testamento como o pessoal de Jesus tiveram continuidade na história da Igreja. O profetismo é um dos seus carismas, embora requeira adequado discernimento.[6]

Características do profeta

Vejamos agora quais são as características do profeta que têm incidência na pessoa consagrada:[7]

1. É *chamado por Deus*. Parte de uma vocação ou *chamado de Deus*, que é fundamental. Por isso, a Bíblia dá importância à vocação do profeta. No processo de nascimento da Igreja, podemos encontrar um modelo de vida consagrada. Os membros da primitiva comunidade eclesial eram denominados "chamados", "santos", "discípulos", "irmãos"... Eram "escolhidos" pelo chamamento que lhes vinha de Cristo e eram constituídos "povo peculiar" de *sequela Jesu*. Assim nasceu a Igreja. De fato, o Capítulo 2 de *Lumen gentium*, sobre o povo de Deus, parte de 1 Pd 2,9 e desenvolve a doutrina da unidade, que é fundamentada no chamamento comum a todos no batismo e na confirmação e na participação do triplo ofício de Cristo (sacerdotal, profético e real).

Constatamos que a vida consagrada nasce quando, na Igreja, parece haver diminuído a força do Espí-

---

[6] Cf. 1Cor 12,10; 1Ts 5,21; 1Jo 4,1.

[7] Cf. PUJOL, J. *Con el mundo a cuestas*. Folletos CONEL 25 (1985), pp. 22-27; Id. *El futuro de la vida religiosa laical*. ViRel 63/8 (15 de maio de 1987), pp. 199-204; UNIÃO DE SUPERIORES GERAIS. *El Hermano en los Institutos religiosos laicales*. Roma, 1991, 45-50.

rito de Pentecostes e como retorno ao que lhe é fundamental. Portanto, a vida consagrada não era necessária quando "todos os cristãos eram religiosos".[8]

Na Igreja primitiva, considerava-se fundamental sentir-se "chamado", como é hoje na vida consagrada. Contudo, o *chamado e a escolha* nunca significaram "separação", e sim "santificação representativa e testemunhal diante do mundo" para o exercício de uma "missão".

2. Um homem de Deus, portador do Espírito. Ser homens de Deus, portadores do Espírito de Javé. Os profetas têm sua origem em Deus e são portadores de sua mensagem. Deus irrompe neles e vem a ser a razão de sua existência. E, assim, tanto sua existência como sua ação têm valor de *sinal escatológico,* sendo já profecia dos valores transcendentais e de que a salvação do homem já chegou ao nosso mundo. E, de fato, "os religiosos, por sua vida, testemunham de maneira clara e magnífica a transfiguração do mundo oferecido a Deus numa vida inspirada nas bem-aventuranças" (LG 31b).

"A função de sinal, que o Concílio Vaticano II atribui à vida consagrada, exprime-se no testemunho profético da primazia que Deus e os valores do Evangelho têm na vida cristã. Em virtude dessa primazia, nada pode ser preferido ao amor pessoal por Cristo e pelos pobres nos quais ele vive" (VC 84); dessa maneira, a vida religiosa expressa-se pela consagração que modi-

---

[8] Álvarez, J. *La vida religiosa ante los retos de la historia.* Madrid, ITVR, 1979. pp. 23-79.

fica radicalmente a existência da pessoa. Ratifica-se pelo *voto*, ou seja, pela dedicação plena a um *estilo de vida na castidade, no celibato, na pobreza e em obediência.* Assim, o religioso torna-se *testemunha e profeta* do mundo futuro, dos valores do Reino que devem ser a norma de comportamento no mundo presente.

A consagração dá uma nova orientação para a pessoa com relação aos objetivos que inicialmente não entravam nos seus planos e exige uma mudança no projeto a que se propusera. Experimenta-se que "seus caminhos não são os meus caminhos". Somos convidados a entrar num mundo novo e a situar-nos nele de maneira determinada, uma vez que entramos no campo de ação de Deus em conseqüência de uma vida inspirada nas bem-aventuranças.[9]

3. *Vive em comunidade.* Assim como os profetas, o religioso *vive e pertence a uma estrutura comunitária,* que vem a ser um lugar indispensável e específico da consagração e da missão. Pela consagração, ao mesmo tempo que se compromete com Deus, o religioso se incorpora a uma instituição para que, a partir dessa realidade, *vivendo em comunidade,* seja *sinal de fraternidade universal,* dê o testemunho da presença do Reino, anuncie-o e contribua para o seu advento.[10] E, assim,

---

[9] "A própria vida consagrada dos religiosos constitui por si só um meio privilegiado de evangelização eficaz. Por meio de seu ser mais íntimo, situam-se dentro do dinamismo da Igreja, sedenta do absoluto de Deus, chamada à santidade da qual eles dão testemunho... eles são, por sua vida, símbolo de total disponibilidade para com Deus, a Igreja e os irmãos" (Paulo VI. *Evangelii nuntiandi.* Madrid, San Pablo, 1995, 69a).

[10] "A vida fraterna, concebida como vida partilhada no amor, é sinal eloqüente da comunhão eclesial (...). Todas essas pessoas, no cumprimento do discipulado

os religiosos assumem comunitariamente uma missão determinada com o fim de transformar o mundo de acordo com a salvação anunciada por Jesus. O selo dessa comunidade é a fraternidade evangélica.[11]

A *Palavra de Deus* "convoca" e "reúne" todos os membros, e essa mesma Palavra os conduz à luz, à verdade, à vida e ao caminho para o seu devir: a ela se referem constantemente, uma vez que "na vida de comunidade também se deve tornar de algum modo palpável que a comunhão fraterna, antes de ser instrumento para uma determinada missão, *seja espaço teologal*, onde se possa experimentar a presença mística do Senhor ressuscitado" (VC 42). E esse aspecto tem por si só valor de *sinal* diante do mundo: sinal de que o *reino da fraternidade* já existe, mesmo no seio de um mundo de rivalidades, e que o celibato dispõe o religioso para a plenitude do amor a Deus e ao próximo.

4. *Atento aos "sinais dos tempos".* O profeta era um *esquadrinhador dos sinais dos tempos* e, com essa atitude, dirigia-se aos seus contemporâneos e concidadãos. Escutava seus compatriotas, dos quais se sentia muito próximo, e, em benefício dessa missão, sentia-se liberto de outras amarras. Não se fechava no "santuário" nem se entrincheirava nele. O religioso aprenderá de Jesus Cristo que os santuários não são tão necessários quan-

---

evangélico, empenham-se a viver o 'mandamento novo' do Senhor, amando-se umas às outras como ele nos amou" (VC 42).

[11] "A vida comunitária tem seu fundamento não em uma amizade humana, mas na vocação de Deus, que livremente escolheu vocês para formarem uma família, cuja finalidade é a plenitude da caridade e cuja expressão é a observância dos conselhos evangélicos" (João Paulo II, aos religiosos da Espanha, 1982).

to o compromisso que surge de Pentecostes (cf. Jo 4,21-23). Os profetas, portanto, tinham uma atitude crítica diante da ação estatal e religiosa da época a partir de sua união com Deus. Portanto, as pessoas consagradas precisam ter sempre presente que "*a verdadeira profecia nasce de Deus*, da amizade com ele, da escuta diligente da sua Palavra nas diversas circunstâncias da história. O profeta sente arder no coração a paixão pela santidade de Deus e, depois de ter acolhido a Palavra no diálogo da oração, proclama-a com a vida, com os lábios e com os gestos, fazendo-se porta-voz de Deus contra o mal e o pecado. O testemunho profético requer a busca constante e apaixonada da vontade de Deus, uma comunhão eclesial generosa e imprescindível, o exercício do discernimento espiritual, o amor pela verdade" (VC 84).

5. *Uma missão ministerial*. Essas premissas assinalam a orientação e o desenvolvimento da *missão* do religioso como conseqüência do dinamismo da consagração comunitária e eclesial. "Na sua vocação, portanto, está incluído o dever de *se dedicarem totalmente à missão*; mais, a própria vida consagrada, sob a ação do Espírito Santo que está na origem de toda vocação e carisma, torna-se missão, tal como o foi toda a vida de Jesus... Assim, pode-se afirmar que a pessoa consagrada está 'em missão' por força da sua própria consagração, testemunhada segundo o projeto do respectivo Instituto" (VC 72). E, assim, tanto os religiosos como as comunidades constituídas por eles pertencem a um *povo ministerial* que é a Igreja. Esta continua o *ministério de salvação* iniciado por Jesus, o Salvador.

Ide contar a João o que estais vendo e ouvindo: *os cegos recuperam a vista*, os coxos andam, os leprosos são purificados, os surdos ouvem, os mortos ressuscitam e aos pobres *é anunciado o Evangelho* (Lc 7,22).

Bem sabemos que o ministério hierárquico não monopoliza o ministério eclesial. A partir dessa ótica e atendendo à função de desafio eclesial ao mundo, próprio das congregações e das ordens religiosas, vários fundadores receberam a inspiração divina de enriquecer a Igreja com determinados ministérios eclesiais, expressão da Igreja como povo ministerial, em sua *sensibilidade pelas necessidades mais peremptórias do mundo*. Faziam-no com a perspectiva de continuar a salvação trazida por Cristo. Cabe dizer, portanto, que Cristo continua sua missão salvadora por meio das ordens e congregações religiosas, oportunamente suscitadas.

Paulo VI reconheceu a contribuição de missão eclesial das instituições religiosas: "Graças à sua consagração religiosa, eles são, por excelência, voluntários e livres para abandonar tudo e lançar-se a anunciar o Evangelho até os confins da terra. Eles são empreendedores, e seu apostolado está freqüentemente marcado por uma originalidade e uma imaginação que suscitam admiração. São generosos: não raras vezes, podemos encontrá-los na vanguarda da missão, enfrentando os maiores perigos para sua santidade e sua própria vida. É verdade, sim, a Igreja lhes deve muito" (EN 69c).

O critério de povo de Deus em marcha exige uma oportuna institucionalização a partir de múltiplos ministérios e carismas. Toda a Igreja é ministerial e com responsabilidades partilhadas. Toda a Igreja está chamada a ser um grande ministério de reconciliação. Os religiosos participam desse ministério e exercem-no, por carisma próprio, em comunhão com a Igreja e sob sua autoridade. "O serviço peculiar que a vida religiosa está chamada a prestar deverá ser exercido em comunhão com o ministério do bispo, a quem compete harmonizá-lo com os demais ministérios eclesiais" (cf. LG 45).

A Igreja reconhece que a própria vida consagrada dos religiosos por si só constitui "um meio privilegiado de eficaz evangelização. Por meio do seu ser mais íntimo, situam-se dentro do dinamismo da Igreja, sedenta do absoluto de Deus, chamada à santidade. É dessa santidade que eles dão testemunho.... Eles são, por sua vida, símbolo de total disponibilidade para com Deus, a Igreja e os irmãos" (EN 69a).

6. *Portador de salvação e libertação.* Assim como o profeta, o religioso é *portador de salvação e de libertação* e não apenas do oráculo divino. Hoje, compete ao religioso o comprometimento com a salvação de todos os homens. Essa "aproximação da vida consagrada" constitui, ao mesmo tempo, sua essência, seu projeto de vida e a formulação do compromisso que ela pressupõe diante da Igreja e diante do mundo. Do mesmo modo, expressa as riquezas da nova vida surgida pelos sacramentos do batismo e da confirmação. O religioso aceita esse chamamento com prazer e alegria, convencido de que o convite pessoal de Deus a esse gênero de vida merece a doação de si mesmo. E, por ter-se assumido assim, nessa trajetória torna-se patente a presença salvadora de Deus no mundo.

7. *Os textos do profeta*. Os profetas tinham alguns textos de referência, os *textos sapienciais*, que surgiam da leitura dos acontecimentos à luz da experiência de Deus. O religioso também tem esses textos, que devem ser-lhe familiares e de uso freqüente. Além disso, possui os escritos de seu respectivo fundador, as Constituições, o diálogo comunitário e institucional que o aproximarão da vontade de Deus. Assim se realizará a sintonia apontada por são Bernardo, de *sapere* = *sapore*, pela qual o "saber a partir de Deus" terá o "sabor de Deus". Os princípios das bem-aventuranças, sobretudo, constituirão o texto de referência do compromisso vital do religioso.

A comunidade com identidade carismática

Considera-se a *identidade carismática* fundamental para manter e viver a unidade na comunidade,[12] já que ela deve viver "segundo a orientação do dom carismático que o fundador recebeu de Deus e que transmitiu a seus discípulos e continuadores (...) e com o qual é possível enriquecer a Igreja 'para a vida do mundo'" (VFC

---

[12] Os documentos conciliares e pós-conciliares dão muita importância à fidelidade ao carisma do fundador, que consideram de grande responsabilidade tanto por parte dos superiores como dos próprios religiosos: "Os superiores dos religiosos têm a obrigação grave, que deverão considerar de primordial importância, de fomentar por todos os meios ao seu alcance a fidelidade dos religiosos ao carisma do fundador, promovendo ao mesmo tempo a renovação que prescreve o Concílio e exigem os tempos. Farão tudo o que estiver ao seu alcance para que os religiosos sejam orientados eficaz e urgentemente para a consecução desse fim; e, acima de tudo, procurarão fazer que os religiosos se preparem para isso com uma formação adequada e que corresponda às exigências dos tempos" (PC 2d, 14, 18; CRIS. *Mutuae relationes*. 1978, 14c).

45). No caso de faltar clareza em sua compreensão, pode dar origem a incertezas, desorientações e deterioração institucional. Viver a identidade carismática pressupõe a participação de todos no mesmo dom do Espírito, concedido ao fundador para ser vivido, custodiado e aprofundado pelas respectivas pessoas consagradas ao longo dos tempos, e assim prosseguir para que a crescente configuração com Cristo se realize em conformidade com o carisma e as normas do Instituto ao qual pertence o religioso. Cada Instituto tem seu próprio espírito, caráter, finalidade e tradição; é adaptando-se a eles que os religiosos crescem em sua união com Cristo.[13]

O dilema "carisma-instituição"

O problema mais importante não está tanto na perda das instituições de missão quanto no enfraquecimento ou perda do carisma próprio. Com relação a isso, a religiosa Joan Chittister, em uma conferência pronunciada para a União de Superiores Gerais, formulou-o da seguinte maneira: "Não é a perda das instituições que os religiosos devem temer, mas a perda do fogo do próprio carisma. É a perda potencial da presença profética que hoje golpeia as raízes da vida religiosa. A vida religiosa deve fazer o mundo lembrar o que pode ser: no mais íntimo, no melhor dela mesma, no mais humano. A vida religiosa vive na fronteira da sociedade para criticá-la, no mais íntimo para confortá-la, no

---

[13] Cf. CRIS. *Instrucción: elementos esenciales de la doctrina de la Iglesia sobre la vida religiosa* (1978) 46.

epicentro da sociedade para questioná-la. A vida religiosa deve lembrar ao mundo a vontade de Deus. O carisma é o fogo do olho de Deus que se fixa no nosso. Quem perguntaria os porquês da vida em cada época, a não ser os religiosos da Igreja? Quem poderá ser chamado de religioso se não o fizer?".[14]

Os esforços para "sobreviver" (fazer) em detrimento do carisma (ser)?

Existem ocasiões em que parece que queremos "sobreviver" a qualquer preço. Nas palavras de Felicísimo Martínez, o.p., numa conferência pronunciada em 8 de novembro de 1995: "Sobreviver não é viver; às vezes, é mal viver ou viver sem dignidade. Hoje multiplicamos os compromissos (ativismo), fazemos muitas coisas, e até bem-feitas; porém, a vida religiosa continua perdendo vigor, sentido, significação e capacidade de convocatória... Somos louvados pelo trabalho, mas nossa significação é escassa... Medimo-nos mais pela eficiência do que pela significação testemunhal; a razão instrumental precede e talvez substitui (mais ou menos) a razão simbólica, carismática e transcendente e, assim, acabamos sendo insignificantes... Para manter muitas obras e fazer muitas coisas, são necessárias muitas vocações. Montamos campanhas obsessivas de promoção vocacional para encher vazios e garantir o futuro institucional quando, para oferecer à Igreja a dimensão carismática e profética da vida re-

---

[14] Cf. USG. *Religious in the Evangelizing Mission of the Church.* Roma, 1993, 28-29.

ligiosa, não são necessárias tantas vocações, e sim, que sejam especiais".[15]

O recente Sínodo de bispos sobre a vida consagrada foi explícito sobre este particular: "Antes de mais, exige-se a *fidelidade ao carisma de fundação* e sucessivo patrimônio espiritual de cada Instituto. Precisamente nessa fidelidade à inspiração dos fundadores e fundadoras, dom do Espírito Santo, descobrem-se mais facilmente e revivem-se com maior fervor os elementos essenciais da vida consagrada" (VC 36). Porém, trata-se de uma fidelidade criativa e não de uma mera fidelidade de repetição ou de conservação; pede-se coragem e espírito de iniciativa para continuar a coragem e o espírito de iniciativa dos fundadores e fundadoras em seus tempos de fundação. Será preciso estar em dia sobre tudo quanto se refira à competência no trabalho da missão; e tudo isso dentro de um dinamismo de renovação fiel às origens e à vontade de Deus.[16]

---

[15] Cf. Martínez Díez, F. *Refundar la vida religiosa*; vida carismática y misión profética. Madrid, San Pablo, 1994. p. 15. O autor fala de *exercícios de vida ou de sobrevivência* diante do "caos" (noite escura) da vida religiosa hoje, conforme a expressão de G. A. Arbuckle. "As seguranças pessoais e institucionais tornaram-se movediças. Desapareceram os símbolos de poder e de prestígio. Os velhos modelos colapsaram e não apareceram os novos. Desapareceu a disciplina, porém, não se afiançou a mística. Cresceram os direitos individuais, porém, ainda não se harmonizaram. Secularizamo-nos, porém, talvez demasiado, até perder sabor e identidade. Há uma sensação geral de estar vagando sem rumo fixo. Será este uma espécie de caos bíblico, uma oportunidade de graça, libertação, recriação e conversão? As reações diante do caos são muitas. Alguns se empenham em negá-lo ou ignorá-lo. Continuam na rotina, retardam o planejamento do futuro, como se nada estivesse acontecendo. Esperam que as coisas mudem, como num passe de mágica, que se dê um novo *boom* vocacional da noite para o dia... Acreditam que as coisas não vão tão mal quanto se diz, e até atribuem as denúncias da crise à falta de confiança no Senhor."

[16] "Desse modo, os Institutos são convidados a repropor corajosamente o espírito de iniciativa, a criatividade e a santidade dos fundadores e fundadoras, como

Fidelidade aos carismas sucessivos

Entretanto, a fidelidade ao carisma originário pede fidelidade aos carismas sucessivos que o Espírito do Senhor envia em seu afã de "renovar a face da terra" e com o fim de responder adequadamente às necessidades de salvação e redenção de nosso mundo em transformação. E isso não deixa de ser delicado e difícil para aqueles que são portadores desses carismas do momento. De fato, conforme *Mutuae relationes* 12, os carismas representam "uma carga de legítima novidade com peculiar efetividade; surgem inesperadamente, perturbando a ordem estabelecida; são incômodos, criam situações difíceis, e reconhecer que provêm do Espírito não é muito fácil". Do mesmo modo, o aparecimento de novos carismas em uma instituição requer que se "verifique o andamento da própria fidelidade ao Senhor, atitude de docilidade ao Espírito, atenção às circunstâncias, visão cautelosa dos sinais dos tempos, vontade, por parte do carismático, de inserção na Igreja, consciência de subordinação à hierarquia, ousadia nas iniciativas, constância na entrega e humildade para superar os contratempos que um carisma carrega. Normalmente, o carisma vem unido à cruz, embora esta não justifique os

---

resposta aos sinais dos tempos visíveis no mundo de hoje. Esse convite é primeiramente um apelo à perseverança no caminho de santidade, por meio das dificuldades materiais e espirituais que marcam as vicissitudes diárias. Entretanto, é também um apelo a conseguir a competência no próprio trabalho e a cultivar uma fidelidade dinâmica à própria missão, adaptando, quando for necessário, as suas formas às novas situações e às várias necessidades, com plena docilidade à inspiração divina e ao discernimento eclesial. Contudo, é preciso manter viva a convicção de que a garantia de toda renovação que pretenda permanecer fiel à inspiração originária está na busca de uma conformidade cada vez mais plena com o Senhor" (VC 37).

motivos imediatos de incompreensão". Cada carisma terá de ser discernido comunitária e institucionalmente, o que implica uma co-responsabilidade.[17]

Tanto as pessoas quanto as comunidades e as instituições, como seres vivos que são, estão sujeitas às exigências de um processo de mudança: para isso, dão-se *carismas e dons*. Os *carismas*, tanto o originário do fundador ou fundadora como os sucessivos carismas que se forem dando ou aparecendo, terão de ser discernidos, aprofundados, acolhidos; da mesma forma que os diversos *dons pessoais* que enriquecem a continuidade das instituições. Em tudo isso haverá ambigüidade, uma vez que, normalmente, os carismas só são reconhecidos tardiamente, depois de não pouco sofrimento, quando não depois do holocausto dos carismáticos, como foi o caso de Cristo. Mais fácil, e também

---

[17] No que se refere ao carisma, está muito bem definido e precisado em *Mutuae relationes*: "Todo carisma autêntico traz consigo uma certa carga de legítima novidade na vida espiritual da Igreja, bem como de peculiar efetividade, que pode resultar talvez incômoda e inclusive criar situações difíceis, dado que nem sempre é fácil e imediato reconhecer que provém do Espírito. A caracterização carismática própria de cada Instituto requer, tanto por parte do fundador como de seus discípulos, que se verifique constantemente a própria fidelidade ao Senhor, a docilidade ao Espírito, a atenção às circunstâncias e à visão cuidadosa dos sinais dos tempos, a vontade de inserção na Igreja, a consciência da própria subordinação à sagrada hierarquia, a ousadia nas iniciativas, a constância na entrega, a humildade em superar os contratempos. A exata equação entre carisma verdadeiro e perspectiva de novidade e sofrimento interior pressupõe uma conexão constante entre carisma e cruz; é precisamente a cruz que, sem justificar os motivos imediatos de incompreensão, resulta extremamente útil no momento de discernir a autenticidade de uma vocação. Cada religioso, pessoalmente, tem também seus próprios dons que o Espírito costuma dar precisamente para enriquecer, desenvolver e rejuvenescer a vida do Instituto em sua coesão comunitária e em seu testemunho de renovação. Porém, o discernimento de tais dons e de sua utilização devem ter como média a sua congruência com o estilo comunitário do Instituto e das necessidades da Igreja, a juízo da legítima autoridade" (CRIS. *Mutuae relationes*. 1978, 12).

mais enriquecedora, é a questão dos diversos dons de cada pessoa da comunidade e instituição.

Para que as pessoas consagradas tomem consciência adequada tanto do impulso profético como da identidade carismática, necessitarão recorrer *constantemente ao discernimento* e entrar num *dinamismo de formação permanente*. Ambos os meios estão inter-relacionados, de modo que um conduz ao outro.

O desafio do discernimento espiritual

Com relação ao *discernimento*, deverá ser feito a partir de um "instinto de Deus" ou espírito de fé que nos fará ver, olhar e julgar a partir da ótica divina, o que se consegue por meio da união à pessoa de Jesus pela oração, pelo conhecimento da Bíblia, pela hierarquia e pelos superiores, pela escuta dos irmãos da comunidade, das pessoas com as quais nos relacionamos, pela interpelação dos acontecimentos, pelo carisma institucional etc. A Congregação de Religiosos, em seu documento *Religiosos e promoção humana*, expressa-o exortando quatro fidelidades: "Fidelidade ao homem e ao nosso tempo, fidelidade a Cristo e ao Evangelho, fidelidade à Igreja e à sua missão no mundo e fidelidade à vida religiosa e ao carisma próprio do Instituto".[18]

---

[18] A esse respeito, é importante referir-se a CRIS, *Religiosos y promoción humana* (1980) 13-31, em que se explicitam de maneira concreta e prática essas quatro fidelidades.

A formação permanente, meio de conversão contínua

No que se refere à *formação permanente*, é óbvia a sua necessidade em todos os campos do nosso mundo, e o religioso não poderia ser exceção. No entanto, se a formação permanente pretende outra forma de viver e de se situar no mundo e na Igreja, não há dúvida de que equivalerá a uma atitude de "conversão permanente". Portanto, abrangerá todos os campos nos quais se movimenta a pessoa do religioso, que constituem sua razão de ser e de existir, isto é, o vocacional, que lhe pedirá uma séria reciclagem na teologia da vida consagrada e em outros domínios da fé, no profissional e missionário, na concepção adequada das realidades de nosso mundo nos diferentes âmbitos da ciência, do comportamento, da política, da economia, das relações internacionais, da exploração e da marginalização etc. De tudo isso, deverá ter uma mentalidade a partir de sua própria identidade.

Portanto a formação permanente, que "constitui uma exigência intrínseca à consagração religiosa" (VC 69), abrangerá toda a existência do religioso, que precisa ir gerando o "homem novo", como assim o requerem os dias atuais; não mais será "aquele que sabe", mas "aquele que é sempre aprendiz" em todos os âmbitos: humano, religioso, espiritual, profissional etc. "Ninguém se pode eximir de se aplicar ao próprio crescimento humano e religioso, bem como ninguém pode presumir de si mesmo, gerindo a própria vida com auto-suficiência. Nenhuma fase da vida pode ser considerada tão segura e fervorosa que exclua a conveniência de cuidados específicos para garantir a perseverança na fidelidade, tal como não existe idade que chegue a ver consumada a maturação da pessoa" (VC 69).

E assim o Papa, na *Vita consecrata*, fala da formação permanente nas diferentes fases da vida: nos primeiros anos de inserção na atividade apostólica, na idade madura, na idade avançada, uma vez que cada fase tem suas próprias características e necessidades (cf. VC 70). E, em seguida, especifica as áreas de formação permanente ou de renovação: a vida no Espírito, a dimensão humana e fraterna, a dimensão apostólica e a dimensão cultural e profissional (cf. VC 71). Permanecemos na "escola da vida".

Capítulo IV

O MINISTÉRIO DA ANIMAÇÃO COMUNITÁRIA, TAREFA DE TODOS

Todos atraídos por idênticas motivações e objetivos

Muitos são os que se reúnem em comunidade atraídos pelo mesmo carisma, próprio de uma mesma instituição religiosa, e o fazem induzidos por idênticas motivações e aspirando aos mesmos objetivos, embora cada um tenha sua própria experiência pessoal. Portanto, é normal que todos estejam comprometidos com a animação comunitária. Não se trata de ser pessoas submissas a um sistema, mas ativas, participativas e criativas na fidelidade ao carisma em coerência com os chamados de Deus que nos vêm pelos "sinais dos tempos".

O conselho ou carisma evangélico de obediência induz hoje a viver na dependência da vontade de Deus, permanentemente procurada por meio do encontro e do diálogo comunitário.[1] Essa é a doutrina, embora,

---

[1] O sentido comunitário da obediência não é novo. A Regra de são Bento, que remonta ao séc. VI, fala da obediência ao abade e da obediência fraterna: "O

não raramente, a realidade seja outra. As teorias e utopias se elaboram e se pregam com os melhores desejos, mas a realidade humana filtra as boas intenções por causa de suas projeções, seus fantasmas, limitações, preconceitos e interpretações juntamente com determinadas convicções pessoais que distorcem a realização dos bons desejos e das saudáveis aspirações.

Circunstâncias que podem se dar na animação comunitária

Em algumas ocasiões, a animação comunitária é exercida somente pelo superior, vivendo o restante da comunidade na dependência dessa animação; já em outras, é possível que um setor comunitário tenha a tendência de impor-se aos demais; e também pode acontecer de uma pessoa da comunidade — líder —, com aptidões de arrasto comunitário, ou bem agir em coerência e cooperando com a animação do superior, ou bem contestá-la.

Se a animação comunitária é feita apenas pelo *superior*, corre-se o risco tanto de infantilizar e apassivar a comunidade como de causar o desinteresse de

---

bem da obediência, não somente devem prestá-lo ao abade, mas também devem obedecer-se uns aos outros" (RB 71,1). "Que (os monges) pratiquem desinteressadamente a caridade fraterna" (RB 72,8). "Que os monges suportem com uma grande paciência suas fraquezas, tanto físicas quanto morais" (RB 72,7). Na vida consagrada, sempre se considerou prioritária a acolhida fraterna que tem também importantes repercussões na vida do religioso: "A acolhida fraternal recíproca na caridade contribui para *criar um ambiente capaz de favorecer o progresso espiritual de cada um*" (CRIS, *Dimensión contemplativa de la vida religiosa*, 1980, 15; cf. Paulo VI. *Evangelica testificatio* 39).

uns pelos outros e até mesmo pelo bem comunitário. Poder-se-ia incorrer no erro de ficar acomodado numa mera submissão de execução. Do mesmo modo, a comunidade poderia instalar-se numa rotina de vida sem discernimento nem criatividade e sem incentivo espiritual, humano ou missionário.

Se a animação for exercida principalmente por um *setor preponderante da comunidade*, que poderia ser percebido como um grupo de pressão comunitária, essa situação pode desagradar o restante da comunidade por demonstrar uma certa desconsideração à sua capacidade de iniciativa e de escuta. Numa situação assim, desequilibra-se o clima de igualdade próprio da fraternidade; entende-se como um setor que tenta se impor ao restante e ao qual o superior se inclina talvez por perceber nele seu apoio ou por sentir-se intimidado por ele.

Quando se trata de *uma pessoa da comunidade* que age como *líder*, esta poderá agir em sintonia com o superior ou contra ele. Se age com afinidade às orientações do superior, pode ser visto como positivo por alguns e como parcial por parte de outros — nesse caso, com conseqüências negativas. No caso desse líder manifestar-se em oposição às orientações do superior, chega a contestar e mesmo a anular as possibilidades de animação comunitária, produzindo-se divisões e cisões na fraternidade.

O ideal seria que, por meio da ação animadora do superior, toda a comunidade se sentisse animadora e cooperativa na consecução dos objetivos que lhe são próprios, para que todo o conjunto tenha utopia carismática, força profética e mística comunitária.

A partir das diferenças ao *cor unum*

Uma solução seria chegar ao *cor unum et anima una* estabelecendo relações verdadeiramente fraternas pelas quais a ajuda e a compreensão mútuas viriam a ser uma realidade. Contudo, partimos do fato de que somos humanos e, como diria são Paulo: "(...) não consigo entender o que faço; pois não pratico o que quero, mas faço o que detesto" (Rm 7,15). Por isso, é imprescindível uma base antropológica saudável com uma higiene mental livre de preconceitos e transparência de espírito; uma espiritualidade saudável e uma vontade capaz de evoluir.

É preciso que se encontre uma fórmula ou um modo de motivar todas as pessoas da comunidade para que, a partir de suas próprias diferenças, concorram para o enriquecimento do conjunto e não para a sua distorção. Para isso, é básico poder viver uma afetividade equilibrada, bem arejada e limpa de patologias envenenadoras.

Mediante um processo de permanente amadurecimento

É importante chegar a um equilíbrio entre a *afetividade intrapessoal e interpessoal*. Com relação à primeira, alcançar a aceitação de si mesmo, do próprio físico, da realidade psicológica, intelectual, moral, tendo conhecimento o mais objetivo possível das atitudes, qualidades e limitações. Com relação à segunda, ver qual é a facilidade ou a dificuldade real existente na abertura aos demais e ao exterior, qual a capacidade de aceitação da diferença e da pessoa, independentemente da ortodoxia de seus comportamentos ou da afinidade ou incompatibilidade que se experimenta com relação aos outros.

Entretanto, a pessoa humana é alguém em processo de permanente amadurecimento. Facilmente, no decorrer da vida, carregam-se germes nocivos que dão lugar a situações anômalas: como o endurecimento no trato, a insensibilidade ou falta de sensibilidade nas relações interpessoais, a frieza nas emoções, a agressividade na projeção para com os demais, determinadas rejeições instintivas diante de situações ou atitudes das pessoas, o descontentamento crônico, situações de ansiedade e de amargura que são produzidas quando as pessoas se fecham, a inibição da personalidade, a falta de aceitação de si mesmo ou de certos aspectos concretos dos outros, o uso instintivo dos mecanismos de defesa nas situações de ataque, oposição, fuga, inibição, o uso habitual da ironia, qual a capacidade que se tem de escutar, qual a capacidade de humor ou de dramatização dos acontecimentos, qual a capacidade de comunicar os sentimentos, opiniões etc.

De fato, na vida comunitária, é normal que haja tensões, choques, conflitos devidos a várias causas: falta de visão global dos fatos e circunstâncias, heterogeneidade de pessoas, dando-se inclusive situações de incompatibilidade real, não-coincidência dos mesmos interesses, diferente valorização aos mesmos interesses etc. Daí a necessidade de um processo comunitário de colocar-se em comum, de aproximação, de coordenação e de orientação da comunidade a partir da mútua aceitação e compreensão e de um encontrar uma orientação comum.[2]

A situação plural de nossas comunidades

Em muitos aspectos, dão-se situações diversas nas comunidades, que nem sempre tornam possível que "o ministério da animação comunitária seja tarefa de todos". A situação religiosa de cada comunidade é plural uma vez que existem os religiosos conservadores e outros mais renovados; aqueles que estariam ainda em uma época de cristandade e outros que correspondem às características da pós-cristandade; alguns tendo experimentado uma importante evolução ao longo de sua vida impelidos pelos sinais dos tempos e outros que talvez tenham permanecido fiéis ao tempo passado; alguns cuja entrega pastoral tornou-os lúcidos com relação aos dias atuais diante do futuro e outros cuja vida espiritual é antes uma repetição de outros tempos; alguns que estão impregnados pelos novos pensamentos teológicos e outros que se abriram menos à teologia atual. Existem ainda aqueles que consideram a vida religiosa mais em relação à observância de algumas práticas comunitárias e outros que estão abertos a buscar uma modalidade de missão que o nosso tempo requer etc.

Da mesma forma, no interior das comunidades, existem pessoas que *assumiram a mudança* pós-conciliar à luz do carisma congregacional, com todas as suas con-

---

[2] Cf. BOFF, C. *O Evangelho do poder-serviço*. Rio de Janeiro, CRB, 1985.

seqüências e o correspondente compromisso que implica; outras pessoas melhor se *adaptaram à mudança* no que ela tem de sensato e benéfico, mas que não deu lugar a uma maior sensibilidade de ajuda a nosso mundo nem tampouco a um compromisso de colocar em dia a tarefa da missão que lhe é própria; e, finalmente, existem alguns que, poderíamos dizer, *defendem-se da mudança,* mantendo-se em paralelo e a distância da mesma para não se verem comprometidos. Naturalmente, representam atitudes que tornam difícil a mútua comunhão entre as pessoas de uma mesma comunidade.[3] Isso dá lugar a que, nas comunidades, convivam *pessoas estáticas,* resistentes à mudança, com *pessoas dinâmicas e inquietas,* com outras *pessoas desorientadas;* o que certamente produz situações de angústia, de estancamento e de paralisia na ação missionária, uma vez que as pessoas mais motivadas pela mudança podem sentir-se afetadas pela incompreensão e, quem sabe, até por atitudes caluniosas que virão a ocasionar-lhes cansaço, desmotivação e insegurança.

Mesmo havendo mais consciência a respeito da urgência de formação permanente

É verdade que fomos tomando consciência da urgente necessidade de formação permanente, porém, esta tem sido mais correspondida no "fazer" do que

---

[3] Para apreciar a complexidade da situação dos religiosos e religiosas nas comunidades, inspiro-me no trabalho de pesquisa de López, J. & Isusi, M. B. de. *Realidad actual de la vida religiosa;* datos fundamentales de su vida y de su misión. União de Superiores Gerais. *Carismas en la Iglesia para el mundo;* la vida consagrada hoy. 2. ed. Madrid, San Pablo, 1995. pp. 45-132.

no "ser" da pessoa. É um fato. Assim, por exemplo, é louvável o interesse e a realidade na formação permanente em nível pedagógico, sanitário, administrativo, e realizá-lo não representa grandes dificuldades, uma vez que, na realidade, não implica as pessoas em seu regime e estrutura interna. Entretanto, é mais difícil alcançar a conversão pessoal, seja do ponto de vista antropológico, teológico ou espiritual. Vamos por partes. O *nível antropológico* (psicológico, sociológico...) remete ao comportamento da pessoa e à sua maneira de ser. Um certo narcisismo pessoal parece bloquear a colocação em questão, que representa uma revisão da estrutura da pessoa (como alguém já disse: "mantenho tudo escorado e é melhor não mexer em nada para evitar um desabamento"). Por causa do medo, acabamos preferindo deixar as coisas como estão. Todavia, por que haveria de ser melhor uma pessoa com deficiência ou mal estruturada? Com relação à *teologia*, de um lado, mostra-se menos útil no sentido do fazer (não é raro que se prefiram os estudos pedagógicos ou de melhor habilitação para a tarefa própria de sua missão aos estudos teológicos) e, de outro lado, não parece confortável precisar mudar a maneira de crer; em mais de uma ocasião, a interpelação dos novos estudos teológicos pode ser percebida como crise ou dúvidas de fé. A própria catequese parece difícil, uma vez que seus conteúdos são discutidos e talvez rejeitados pelas novas gerações. Em compensação, a formação bíblica parece ter melhor resposta; ela é de 90% entre os religiosos jovens e de 80% entre as religiosas, indo para 60% entre os de meia-idade e 50% entre as religiosas, e 30% na idade seguinte de religiosos e

20% entre as religiosas. Com relação à vida espiritual, prefere-se não ser excessivamente inquieto e viver um sistema de espiritualidade anterior, e qualquer coisa no sentido de recorrer às escolas tradicionais de espiritualidade costuma ter boa acolhida nas gerações dos mais velhos. Ao mesmo tempo, parece que apenas 33% dos religiosos e 40% das religiosas sentem-se aptos para uma catequese pastoral, o que significa uma importante limitação no sentido de compartilhar verdadeiramente com a juventude atual. Somente um terço dos religiosos e um quinto das religiosas estão em contato com a juventude.

O envelhecimento da vida consagrada com relação à sociedade

Como as instituições de vida consagrada envelhecem e, por outro lado, na sociedade, tomam responsabilidade pessoas cada vez mais jovens, ocorre uma realidade de menor facilidade de adaptação à sociedade por parte da vida consagrada. As gerações jovens não precisam mudar com relação a uma sociedade anterior, uma vez que somente conheceram a nova sociedade. Isso faz que os poucos religiosos jovens existentes em nossas instituições possam sentir-se um tanto estranhos entre nós. E, ao mesmo tempo, as pessoas mais velhas possam sentir-se estranhas no contexto da sociedade e hierarquia de valores de nossa sociedade e, por isso, podem mostrar-se resistentes diante da pressão de formação permanente.

A situação pessoal dos consagrados

Ainda com relação ao trabalho científico do DIS, que acabamos de citar, enquanto as pessoas consagradas, subjetivamente, afirmam ter uma experiência positiva de Deus da ordem de 70% por parte dos religiosos e 80% por parte das religiosas, essa afirmação parece contradizer-se um pouco com a constatação de que apenas 33% dos religiosos e 40% das religiosas julgam ter experiência positiva de oração pessoal, sendo assim que a oração pessoal está intimamente unida à oração comunitária e vice-versa,[4] e que 50% dos religiosos e 30% das religiosas estão afetados pelo ativismo (ou seja, a atividade em detrimento da oração e contemplação), sobretudo entre 35 e 55 anos e nas pessoas com responsabilidades administrativas ou de governo.

Da mesma forma, almeja-se a fraternidade como primeiro valor desejável; mas a realidade diz que o primeiro valor vivido é o trabalho. Equivale a dizer que as urgências do trabalho e as circunstâncias que fazem que seja vivido com certa inquietação e desassossego parecem sobrepor-se ao desejo de fraternidade e à consideração da pessoa como tal. De fato, existem grupos

---

[4] "A oração em comum alcança toda a sua eficácia quando está intimamente ligada à oração pessoal. Oração comum e oração pessoal, de fato, estão em estreita relação e são complementares entre si. Em toda parte, mas especialmente em certas regiões e culturas, é necessário sublinhar mais a importância da interioridade, da relação filial com o Pai, do diálogo íntimo e esponsal com Cristo, do aprofundamento pessoal do que foi celebrado e vivido na oração comunitária, do silêncio interior e exterior, que deixa espaço para que a Palavra e o Espírito possam regenerar as profundezas mais escondidas. A pessoa consagrada que vive em comunidade alimenta sua consagração tanto com o constante colóquio pessoal com Deus como com o louvor e a intercessão comunitária" (VFC 15).

de religiosos que desejariam um maior nível de comunicação interpessoal. Ao que parece, o discernimento comunitário não se faz nos grupos comunitários, conforme afirmam 67% dos religiosos e 55% das religiosas; e se faz de maneira implícita, conforme o testemunho de 25% dos religiosos e 35% das religiosas; só 8% dos religiosos e 10% das religiosas afirmam que se faz um discernimento explícito na comunidade. Nesse sentido, a frustração pode produzir um individualismo espiritual, procurar a comunicação espiritual em movimentos externos e alheios ao carisma institucional e até a uma desmotivação vocacional.[5]

Parece que 75% dos religiosos estão satisfeitos na comunidade; entretanto, só a metade deles acredita realizar um trabalho em equipe (isto é, acreditam estar realizando mais um trabalho em comunidade do que um trabalho comunitário). E 90% estão satisfeitos no trabalho que realizam, se bem que apenas 65% acreditam realizar um trabalho positivo de evangelização. Trinta e cinco por cento dos religiosos e 55% das religiosas estão comprometidos com tarefas pela promoção da

---

[5] "Em vários lugares, sente-se a necessidade de uma comunicação mais intensa entre os religiosos de uma mesma comunidade. A falta e a pobreza de comunicação normalmente geram o enfraquecimento da fraternidade; o desconhecimento da vida do outro torna estranho o confrade e anônimo o relacionamento, além de criar situações de isolamento e de solidão. Em algumas comunidades, lamenta-se a escassa qualidade da fundamental comunicação dos bens espirituais: comunicam-se temas e problemas periféricos, mas raramente se compartilha aquilo que é vital e central no caminho de consagração. As conseqüências podem ser dolorosas, porque a experiência espiritual adquire insensivelmente conotações individualistas. Com isso, favorece-se a mentalidade de autogestão unida à insensibilidade para com o outro, enquanto lentamente se vão procurando relacionamentos significativos fora da comunidade" (VFC 32).

justiça. De fato, López e Isusi constatam em seu estudo que 25% dos religiosos e 35% das religiosas estão comprometidos com a opção preferencial pelos pobres; que 20% e 25% respectivamente desejariam estar e que 50% e 35% se manifestam solidários a distância. Dados semelhantes encontramos no que se refere à inserção da comunidade no meio em que vive; as religiosas (50%) estão notoriamente muito mais inseridas que os religiosos (15%). Não existe muito espírito crítico com relação ao trabalho que estão realizando.

Hoje o relacionamento com os superiores é mais da ordem de consolidar a comunhão fraterna,[6] e é bastante exíguo o número daqueles que mantêm uma relação inferior-superior. Esse relacionamento fraterno positivo contribui, de um lado, para melhorar o serviço de animação e, de outro, para deixar fazer, ou seja, não orientar suficientemente a comunidade. Por isso, em numerosas instituições religiosas, torna-se patente a necessidade de "rever esse cargo",[7] uma vez que alguns experimentam desconfiança a respeito da auto-

---

[6] Esse aspecto fica confirmado na *Vita consecrata*: "Deve-se confirmar a importância desta tarefa, que se revela necessária exatamente para consolidar a comunhão fraterna... Se a autoridade deve ser, em primeiro lugar, fraterna e espiritual e, por conseguinte, quem dela está revestido há de saber associar, pelo diálogo, os irmãos e as irmãs ao processo decisório, convém, todavia, recordar que cabe à autoridade a última palavra, como lhe compete depois fazer respeitar as decisões tomadas" (VC 43).

[7] "Na vida consagrada, a função dos superiores e superioras, mesmo locais, teve sempre uma grande importância quer para a vida espiritual, quer para a missão. Nestes anos de experiências e mudanças, sentiu-se por vezes a necessidade de uma revisão de tal múnus. Contudo, importa reconhecer que quem exerce a autoridade não pode abdicar da sua missão de primeiro responsável da comunidade, qual guia dos irmãos e irmãs no caminho espiritual e apostólico" (VC 43).

ridade, "até o ponto de ser considerada por alguns como (...) redimensionada à mera tarefa de coordenar as iniciativas".[8]

E com relação aos religiosos jovens

O que podemos dizer a respeito dos jovens (com menos de quarenta anos) que nos sucedem nas instituições religiosas. A pirâmide de idades encontra-se invertida. Na Catalunha, região da Espanha, calcula-se que os religiosos com menos de cinqüenta anos constituem 29% do total dos religiosos e 14% das religiosas.

Mariano José Sedano realizou um estudo sobre os religiosos e religiosas jovens em 22 centros de formação da Espanha.[9] Esses jovens são o futuro de nossas instituições religiosas. A maioria dos entrevistados tem menos de 25 anos e pertence principalmente a um ambiente social médio. Suas ocupações atuais são diferentes conforme se trate de religiosos ou religiosas. Os religiosos dedicam-se mais ao estudo do que as re-

---

[8] "Esse desenvolvimento positivo (refere-se a um maior amadurecimento da vida fraterna nas comunidades), em alguns lugares, correu o risco de ver-se comprometido por um espírito de desconfiança para com a autoridade. O desejo de uma comunhão mais profunda entre os membros e a compreensível reação contra estruturas sentidas como demasiadamente autoritárias e rígidas levaram a não compreender em toda a sua importância o papel da autoridade. Assim, ela é considerada por alguns até como absolutamente desnecessária para a vida da comunidade e, por outros, redimensionada à mera tarefa de coordenar as iniciativas dos membros... Tudo isso implica o perigo (...) de privilegiar os projetos individuais e, ao mesmo tempo, obscurecer o papel da autoridade. Esse papel é necessário também para o crescimento da vida fraterna na comunidade, além de necessário para o caminho espiritual da pessoa consagrada" (VFC 48).

[9] Cf. ViRel 78/5 (1 de setembro de 1995), pp. 324-367.

ligiosas, que se ocupam da pastoral e outros misteres mais do que os religiosos. Setenta por cento dos religiosos jovens estudam teologia, diante de 19% das religiosas, e alguns religiosos e religiosas que seguem carreiras civis.

A mentalidade desses jovens parece ser preferencialmente de centro-direita, uma vez que votam principalmente nos partidos políticos que têm essa tendência e lêem os jornais afins a ela.

Suas avaliações seguem esta ordem: vida comunitária (da qual se sentem mais satisfeitos os jovens do que as jovens, embora poucos se sintam muito satisfeitos), oração, tarefa pastoral, hospitalidade, esperança no futuro e aproximação dos pobres. Rejeitam sobretudo a incoerência, a falta de coragem, a imaturidade e o escasso vigor espiritual. Com relação ao futuro, pretendem: autenticidade e profundidade evangélica, consistência pessoal, austeridade e pobreza de vida, colaboração com os leigos, inserção em ambientes populares e formação filosófica e teológica. Disso, pode-se deduzir que, acima dos valores teóricos, apreciam sobretudo os valores práticos de vivência e testemunho. Por isso, as expressões de seguimento, entrega incondicional e consagração total parecem ser suas preferidas. E diante do futuro da vida consagrada, sentem-se igualmente, uns e outras, abertos e serenos.

Disso tudo, é possível inferir que os jovens que nos seguem, sendo *pusillus grex*, também têm conotações diferentes das do restante das pessoas que compõem as instituições religiosas.

Contudo, mesmo levando em consideração a linha de futuro, isto é, a continuidade da instituição, o ministério de animação comunitária precisará ser exercido por todos, enriquecido com as diferentes tendências, o que exigirá mútua escuta por um esforço positivo de comunhão intergeracional. E sempre a leitura atenta da história de hoje nos orientará para o futuro.

Capítulo V

A OROGRAFIA DA IDADE ADULTA

O adulto tem seu universo

O adulto: indivíduo em processo de amadurecimento contínuo

Normalmente, nas instituições religiosas, há muito interesse e dedica-se grande zelo pela formação inicial, em todos os aspectos — antropológico, espiritual, teológico —, e poderia ocorrer uma tendência em acreditar que os "adultos" já chegaram ao topo ou a uma estabilidade no amadurecimento afetivo e na formação espiritual. Bem sabemos que a realidade apresenta sua orografia. Sem dúvida, não chegamos nunca a ser adultos, e sim cada pessoa está em situação de tornar-se adulto constantemente; não somos nunca maduros, mas estamos em permanente *processo de amadurecimento pessoal*, por meio das dificuldades e de diversas situações afetivas.

A pessoa do religioso, como qualquer outra pessoa, é um universo composto de numerosos elementos: *a fé,* que precisa ser cultivada constantemente e que nem sempre segue a linha do progresso ascendente, por encontrar desafios em sua linguagem e em seu conteúdo;[1] *o sentimento,* que é regido por leis e instituições nem sempre fáceis de orientar e conduzir adequadamente; *a personalidade,* que, no encontro com diferentes ideologias, experimenta novas aspirações racionais e afetivas não previstas nem planejadas, que afloram com espontaneidade...

E como aquele que chega à idade adulta "é considerado já um adulto" (ou seja, "aquele que chegou a ser", aquele que é responsável por si mesmo), não poucas vezes ele carece de compreensão, de apoio, de ajuda e de acompanhamento "porque já é adulto" e, assim, diante das dificuldades, sente-se muito só.

Principalmente em momentos de convulsão, o adulto experimenta *desorientação, decepção* e está sujeito a inúmeras angústias; sensação de que *não está indo a lugar algum..., de ofuscação de objetivos e de não encontrar sentido para sua vida, de profunda decepção...*

---

[1] ZULLO, J. The Crisis of Limits Midlife Beginnings. *Human Development 3/1* (1982) 11: "Para algumas pessoas — padres ou religiosos —, a crise dos limites aparece freqüentemente como um desvio das formulações da fé. Supõe-se que deveriam ser especialistas e modelos no desenvolvimento da fé, em espiritualidade e em assuntos religiosos, daí que os ministros sofram, por sua própria vocação, perplexidade e medo quando suas perspectivas de fé mudam e se encontram sem um sentido claro e estável de si mesmos como pessoas 'religiosas'. As imagens de Deus e os estilos de oração que no passado os sustentavam e alimentavam modificam-se, e não se percebe claramente por que tudo isso é derrubado. Cada vez mais me sinto em conflito com crenças e práticas religiosas aceitas durante longo tempo, e não encontro com o que substitui-las. A liturgia já não tem o mesmo sentido para mim; estou entediado, desassossegado. Parece que meu Deus está muito, muito longe".

O *homo religiosus* é *homo anthropologicus*

O *homo religiosus* não pode prescindir do *homo anthropologicus* se não quiser ver-se sujeito a represálias por parte desse último. É imprescindível um constante trabalho de integração de todas as dimensões constitutivas do ser pessoal. Por isso, no *processo de amadurecimento*,[2] experimentam-se constantes alternâncias, motivadas pelos impactos dos diversos acontecimentos da vida.

Por tudo isso, o Concílio foi sensível e insistente a respeito da *maturidade afetiva* e das *leis psicológicas* que regem o desenvolvimento da pessoa humana. Disse que os candidatos ao sacerdócio "abracem sua vocação com madura e pensada escolha" (OT 12) e que, pelo celibato, "alcancem uma mais completa maturidade" (OT 10); que os aspirantes à vida religiosa, candidatos à profissão da castidade, "não se apresentem nem sejam aceitos senão depois de um tempo (...), com o devido amadurecimento psicológico e afetivo" (PC 12).

A psicologia tem interesse pela linguagem da Igreja e é recomendada tanto para a formação espiritual quanto para o amadurecimento afetivo dos formandos religiosos e seminaristas. Insiste-se em que se cultive "a maturidade humana, que se manifesta numa certa estabilidade de ânimo, na capacidade de tomar deci-

---

[2] WHITEHEAD, E. & WHITEHEAD, J. D. *Les étapes de la vie adulte*; evolution psychologique et religieuse. París, Centurion, 1990. p. 11: "A maturidade aparece agora não tanto como uma questão de fidelidade aos objetivos acariciados no início da vida adulta, e sim mais como uma questão de adaptação efetiva aos diferentes desafios, muitas vezes surpreendentes, que surgem ao longo das cinco ou seis décadas da vida adulta".

sões ponderadas e de saber apreciar corretamente as pessoas e os acontecimentos" (OT 11). Além disso, na vida religiosa, "a obediência, longe de menosprezar a dignidade da pessoa humana, leva-a pela mais ampla liberdade dos filhos de Deus, a maturidade" (PC 14).

Pretende-se que, durante o tempo de formação, assegure-se, na medida do possível, o equilíbrio afetivo para o resto da vida: "Durante o tempo de provação, deve-se averiguar, de maneira muito especial, se o candidato à vida religiosa possui maturidade humana e afetiva suficiente, de modo que dê esperança de que será capaz de cumprir bem as obrigações do estado religioso e de que continuará progredindo nele, especialmente durante o noviciado, para um amadurecimento mais completo".[3]

O amadurecimento afetivo é tarefa para toda a vida

Sem dúvida, existe interesse no amadurecimento afetivo dos formandos, mas ele não é assegurado de uma vez por todas para o resto da vida, e sim apresenta surpresas ao longo de suas diversas etapas: descobrimentos, sentimentos afetivos que vão sendo assimilados e assumidos positivamente, ou que podem perturbar o equilíbrio pessoal etc. *Renovationis causam*, depois de ter dito que a opção pela vida religiosa é de seguimento de Jesus Cristo, "sem intenção de voltar

---

[3] CRIS, instrução *Renovationis causam* (1969) 11.

atrás", reconhece que, "no entanto, certas dificuldades de ordem psicológica e afetiva que algumas pessoas encontram durante sua adaptação paulatina à vida religiosa, nem sempre se resolvem durante o noviciado, sem que por isso se possa, com ponderação, duvidar da autenticidade de sua vocação".[4]

Quando diminuiu a pressão familiar, social e religiosa na continuidade vocacional, assistimos a uma verdadeira "hemorragia de padres e religiosos" abandonando seu estado. As dispensas de votos e as "reduções" ao estado laical intensificaram-se. Pretendeu-se dificultar esses rescritos, até que, em 1980, a Congregação para a Doutrina da Fé publicou uma carta sobre o celibato sacerdotal: "No exame das petições que se dirigirão à Sé Apostólica, além do caso dos padres que, tendo abandonado depois de longo tempo a vida sacerdotal, desejem regularizar uma situação irreversível, a Congregação para a Doutrina da Fé levará em consideração o caso dos que não deveriam ter recebido a ordenação sacerdotal, seja porque, por exemplo, não tiveram a liberdade ou a responsabilidade necessárias, seja porque os superiores responsáveis não souberam julgar em tempo oportuno e de maneira ponderada e adequada se o candidato era verdadeiramente apto para viver definitivamente o celibato consagrado a Deus".[5]

---

[4] Ibid., 8.

[5] SAGRADA CONGREGAÇÃO PARA A DOUTRINA DA FÉ. *Carta sobre o celibato sacerdotal* (14 de outubro de 1980).

Uma realidade

A Universidade Loyola de Chicago elaborou uma pesquisa sobre a "relação entre o desenvolvimento da fé e o desenvolvimento pessoal" a partir de uma "amostra" de padres (os resultados podem ser interpretados como sendo válidos também para os religiosos). Foram encontradas *quatro categorias*:

- *Mal desenvolvidos*. Embora ainda exerçam o ministério, debatem-se em meio a problemas psicológicos sérios e crônicos, que influem poderosamente em sua vida pessoal e profissional.

- *Subdesenvolvidos*. Não oferecem dificuldades tão sérias, mas apresentam falhas ou incapacidade para enfrentar as exigências adultas do crescimento psicológico. São subdesenvolvidos porque *sua idade psicológica não corresponde à cronológica*. Apesar de parecerem adultos e com responsabilidades de adultos, não conseguiram resolver os problemas com os quais um homem necessariamente se depara na fase adolescente de sua vida.

- *Em desenvolvimento*. Detidos por algum tempo em seu crescimento, começaram novamente a andar e a deparar-se com a questão não resolvida de seu desenvolvimento pessoal. Possuem um grande potencial de energia.

- *Desenvolvidos*. Passaram triunfantes pelas diferentes fases e etapas da vida e desenvolvem satisfatoriamente suas capacidades... Têm boa saúde psicológica.

Desses resultados, podemos inferir a relação existente entre o desenvolvimento pessoal e o crescimento da fé. Os dois devem caminhar juntos, uma vez que a pessoa constitui uma unidade composta de diferentes elementos. A fé mais qualificada é a que procede da pessoa mais equilibrada e saudável, uma vez que a *experiência da fé* é a experiência de uma *pessoa* que vive a fé.

Chegamos à idade adulta

De repente, encontramo-nos na idade adulta. É possível que imaginássemos a idade adulta como um patamar tranqüilo no topo de uma montanha; porém, com o passar do tempo, vamos descobrindo que *é uma paisagem acidentada*, o que nos faz perder o interesse primitivo por ela.[6]

Em alguma fase anterior, podemos ter achado que a idade adulta subentendesse a ausência de problemas, mas logo percebemos que nada mais é que uma capacidade de reagir diante deles de um modo diferente. O adulto percebe que tem diante de si inúmeros desafios e se dá conta de suas próprias limitações e de sua impotência. A tomada de consciência das próprias limitações é o ponto de partida para realizar um processo rumo à idade adulta. Seus ideais são postos à prova. O mesmo acontece com relação à sua capacidade de coragem, de sofrimento, de amor. Tudo isso remete-o a uma interiorização, a uma reflexão que pode fazê-lo amadurecer para um realismo.

---

[6] Cf. Whitehead & Whitehead, op. cit., pp. 7-11.

É uma etapa de solidariedade para com os demais, de relações sociais, de ser criativo e produtivo, de dar sentido e finalidade à sua existência. E também, não poucas vezes, experimenta-se a solidão, porque "a mão que se dispõe a ajudá-lo está no final do próprio braço". É o adulto diante de si mesmo e remetido à sua própria fé.

O religioso sente-se chamado à santidade, mas, para isso, é imprescindível uma boa saúde psíquica. "Saúde e santidade" constituem um binômio em que cada elemento é necessário para o outro; a boa saúde é a base para uma válida santidade que não seja uma neurose. A santidade já foi interpretada algumas vezes como uma ameaça à saúde, ao prazer de viver, ao desenvolvimento antropológico... Não somente não é uma ameaça, mas ambos os aspectos, saúde e santidade, potencializam-se mutuamente.

Assim expressa Whitehead: "A questão crucial para o cristão de hoje é a relação entre 'sanidade' e 'santidade' ou, mais exatamente, entre 'natureza' e 'graça'. O crescimento religioso é representado em termos de *amadurecimento do sentimento religioso do adulto* (estado de discípulo), *de faculdade de amar e de doar-se* (caridade) *e de possibilidade de exercer uma função de responsabilidade* (função de intendente)".[7]

---

[7] Ibid., p. 21.

A saúde do adulto

O adulto cresce em saúde à medida que a vida avança, de acordo com as modalidades ou constantes que podem servir de referência para controlar sua situação e assegurar o progresso.

Erikson aponta as seguintes *características da boa saúde*:[8]

- *Domínio ativo do ambiente*, ou seja, que tipo de "pai" se é ou se tem? Dominador, infantilizante, ou melhor, o questionador e o que permite e faz crescer?...

- *Unicidade da personalidade...* Que integração harmoniosa têm os diferentes elementos constitutivos da pessoa? Enriquecem-na? Mutilam-na?... De que maneira os sentimentos enriquecem a pessoa? Que capacidade existe de tomar consciência a partir de uma certa objetividade? Existem elementos contrastantes na pessoa?

- *Capacidade de captar ou perceber a si mesmo e ao mundo exterior*. Não é fácil. Pressupõe conhecimento e aceitação das próprias limitações e rejeições, capacidade de transcendê-las para ir ao fundo do nosso mundo pessoal e do mundo exterior. Qual a minha relação comigo mesmo e com o mundo?...

---

[8] ERIKSON, E. *Adolescence et crise; la quête d'identité*. París, Flammarion, 1972.

"Intimidade-geratividade-integridade"

Em linguagem eriksoniana, distinguem-se três elementos que fazem supor que o *processo de amadurecimento* é ao mesmo tempo um processo pessoal e comunitário: nenhum deles pode ser minimizado.[9]

1. A *intimidade*, uma força psicológica e uma riqueza da personalidade. De acordo com Erikson, "é a capacidade de comprometer-se com relacionamentos e associações concretas e de desenvolver a força moral que permite permanecer fiel a esses compromissos, inclusive quando eles exigem adaptações, sacrifícios e entregas importantes". Compreende o conjunto de energias que permitem a uma pessoa vincular-se aos outros, relacionar-se e partilhar profundamente com eles. Manifesta-se pelas relações de amizade, colaboração, vida comunitária etc.

Ao procurar viver e preservar a intimidade, podem-se experimentar tensões entre "solidão" e "solidariedade". Como se, ao entrar na rede interpessoal, alguém pudesse sentir-se anulado, absorvido; e se, ao defender até a morte sua solidão (ou seja, sua própria identidade), pudesse experimentar uma sensação de abandono. Qual seria o meio-termo entre essas duas tendências que se vivenciam como antagônicas.... De um lado, o desejo de ter um "eu-próprio"; do outro, o desejo de ser um "eu-para-os-demais". É necessário, a um só tempo, defender a própria originalidade e experimentar a proximidade alheia.

---

[9] Para um aprofundamento maior da questão, cf. WHITEHEAD & WHITEHEAD, op. cit., cc. 3-7.

Existe o prazer de estar com os outros, mas eles também podem subjugar. Pode-se oscilar entre as tendências de comunhão e de excomunhão nas relações interpessoais e no círculo de amizades, porque "se vai para" e "se foge de". De um lado, recusa-se a ser um ventríloquo dos outros ou do sistema; de outro, necessita-se de seu afeto, de seu olhar, de seu apoio... Será que o relacionamento com outras pessoas poderá obrigar a mudar, a despersonalizar-se, a perder a própria identidade? Perder-se-á a liberdade de ação, correndo o risco de ficar sem critério próprio? É o caso em que o relacionamento interpessoal é vivido como "ameaça", e não como "promessa".

2. A *geratividade*, por meio da qual a pessoa *tem iniciativas e tende a ser criativa*, manifesta-se por *um interesse de produtividade e de deixar uma herança para a geração seguinte*; pressupõe uma superação de si e um interesse em ocupar-se com os outros. Experimenta-se uma necessidade de exercer um "poder e uma capacidade pessoais". Tem-se a necessidade de geratividade, sobretudo na metade da vida adulta, e expressa-se com *estas dimensões*:[10]

— *O poder pessoal*: estando na plenitude da vida, tanto no plano biológico quanto no psicológico e no da responsabilidade, a pessoa de meia-idade quer ser eficiente e sente a necessidade de sê-lo nas tarefas que definem seu trabalho; é a idade de ocupar postos de autoridade. O

---

[10] Ibid., pp. 145-146.

desejo de responsabilidade, a aspiração de dirigir, a capacidade de estar em posição de controle são fatores poderosos de motivação da existência do adulto. Por meio disso tudo, o poder pessoal do indivíduo pode-se manifestar e colocar-se a serviço de um universo social mais amplo.

— *A preocupação pelo outro*. O instinto de altruísmo e de paternidade conduz o adulto a desejar ocupar-se e preocupar-se com os outros, uma vez que "necessita que os outros tenham necessidade dele". Nos pais, manifesta-se pelo exercício de sua obrigação e o desejo de educar e ajudar seus filhos a crescer e a desenvolver-se; nos religiosos, expressa-se no exercício da missão apostólica, pela qual se irradia algo de si mesmos para a salvação dos demais. Em geral, a abnegação se manifesta em pessoas dessa idade.

— *A interioridade*. É conseqüência lógica e normal do exercício de seu poder pessoal e de sua preocupação com o outro. Nem sempre o adulto percebe que sua ação é correspondida no mesmo sentido; sente interpelação, contradições, decepções, frustrações..., que o conduzem a uma introspecção, auto-análise e autocrítica de sua atitude e de seu trabalho. Seu próprio senso de responsabilidade, ao qual acedeu pelos vaivéns da vida, o conduz a uma tomada de consciência e reflexão sobre suas limitações e possibilidades. Tudo isso pressupõe que está acontecendo um processo de interiorização.

Esses três fatores (poder pessoal, preocupação pelo outro e interioridade) são meios de amadurecimento para a vida adulta e manifestam o grau alcançado. Os três são indispensáveis. De acordo com o temperamento e a identidade constitutiva de cada um, a pessoa pode desenvolver um elemento a mais que os outros ou em detrimento dos outros. Por exemplo, pode acontecer que uma pessoa excessivamente autoritária tenha, até por isso, menos capacidade de interioridade; do mesmo modo, um adulto excessivamente preocupado com os outros pode contagiá-los com sua angústia, o que repercutirá negativamente em sua capacidade de influenciar. Também um excesso de interioridade pode incapacitar para qualquer ação em proveito dos outros e bloquear o desenvolvimento de seu poder pessoal.

A geratividade bem desenvolvida implica o enriquecimento da pessoa humana: ao procurar enriquecer os outros, ao mesmo tempo, enriquece-se a si própria. Entretanto, também é verdade, conforme Erikson, que uma geratividade fracassada enfraquece a pessoa: "Quando fracassa o exercício da geratividade, regride-se a uma necessidade obsessiva de pseudo-intimidade, acompanhada freqüentemente por um sentimento dominante de estancamento e de empobrecimento".[11] Como conseqüência disso, exacerbam-se o egoísmo, o bloqueio e o retraimento pessoal, com marcas de agressividade e amargura existencial crônica...

---

[11] ERIKSON, E. *Childhood and Society*. New York, Norton, 1963. p. 267.

Podemos transportar a geratividade para a vida religiosa, dizendo que se manifesta pelo *interesse na vida comunitária e no zelo ministerial (diakonia e koinonia)*. O prazer existencial advém da satisfação desses dois fatores. Quando se fracassa, seja na vida comunitária, seja no ministério, originam-se desilusão, decepção, angústia, amargura, confusão, desorientação. Entretanto, também é preciso dizer que o coeficiente de maturidade do "ministro" é importante para que, no exercício da geratividade, com a experiência das limitações, consiga-se assumir a realidade, e a pessoa não fique no "sonho" de seu fervor e generosidade... Precisará reconciliar-se com seu próprio sonho e suas legítimas aspirações, aceitando a realidade, inclusive aceitando a experiência de solidão. Todo mundo quer deixar descendência; é próprio da geratividade. "Falando no contexto cultural da China, preocupada com a descendência e vinculada à virtude da piedade filial, Mencius declarou: 'Há três coisas contrárias à piedade filial, e a mais grave de todas é não ter descendência.'"[12]

3. *Integração.* Corresponde à etapa da maturidade e consiste na aceitação de seu particular e único ciclo de vida, bem como das pessoas que estiveram ao seu redor, com as limitações experimentadas.

A integração implica assumir a realidade: capacidade de assumir as forças dispersas, de reagir diante do imprevisto de maneira positiva e enriquecedora para a pessoa. Aceita o modo como a vida se desenrolou e se

---

[12] Citado em WHITEHEAD & WHITEHEAD, op. cit., p. 197.

desenrola. Aceita o passado e está aberta ao futuro. Essa integração pressupõe capacidade de receptividade: significa uma reação positiva diante da realidade da vida. Abre-se para um senso comum e para uma sabedoria que enriquecem o amadurecimento da pessoa adulta.

"No esquema do desenvolvimento traçado por Erikson, um adulto em fase de amadurecimento encontra-se diante de três tarefas cruciais: 'conseguir ser capaz de amar pessoas concretas e comprometer-se com elas'; 'ser criativo e responsável pelo que se produziu'; 'descobrir e realizar o sentido e o valor de sua própria vida'. A atitude da pessoa com relação a essas funções, particularmente quando se apresentam nas crises de desenvolvimento, determina o crescimento em virtude."[13]

A mudança — a crise

Conforme a capacidade da pessoa em assumir os três elementos anteriormente descritos — *intimidade, geratividade* e *integração* —, a mudança pode ser vivida como *promessa* ou como *ameaça*, ou seja, como construtiva ou como destrutiva. É verdade que a mudança ameaça a continuidade das realizações do passado, quebra a estabilidade e, com freqüência, provoca uma sensação de "perda". Inclusive, não poucas vezes na vida religiosa foi percebida como perturbadora, perigosa e até mesmo como "pecado".

Isso nos leva a falar de crise, definida por Erikson como "períodos cruciais de exacerbada vulnerabilidade

---

[13] Ibid., 49.

e alto potencial". Pode ser sentida de maneira negativa ou positiva. A crise será positiva à medida que se aceite assumir a incerteza, a insegurança e a sensação de distúrbio: "Os conflitos não resolvidos e os aspectos ainda não curados do passado reaparecem para desassossegar nossas vidas no presente. A maturidade não implica a ausência de tais conflitos e contradições, mas a aptidão de aceitar o mosaico da própria realidade. A aceitação não transforma a falta de maturidade em saúde e plenitude; mas reconcilia-me com o paradoxo da natureza humana".[14] Não se valoriza a qualidade da vida do adulto pela ausência de problemas, mas por sua capacidade de reagir positivamente diante deles.

É preciso dizer que o processo maturativo avança graças à mudança e à crise, devidamente integradas e assumidas. *Crescemos graças ao conflito integrado*. Na paz paradisíaca, vive-se a tranqüilidade do "ponto zero" (seio materno); é um estancamento que recusa o crescimento.

Erikson faz uma distinção entre a "crise de neurose" e a "crise de desenvolvimento".[15] Enquanto essa última produz crescimento por ser causa de energia e de amadurecimento por meio da boa integração dos diferentes elementos pessoais, a primeira é causa de demolição progressiva da pessoa, chegando a produzir seu isolamento. No entanto, deve-se reconhecer que ambas são vividas de maneira ambígua, pela sensação que provocam de perda; e, algumas vezes, inclusive de

---

[14] Cf. WHITEHEAD, E. & WHITEHEAD, J. D. *Christian Life Patterns*.

[15] ERIKSON, E. *Identity, Youth and Crisis*. New York, 1968. p. 163.

medo; só o resultado *a posteriori* revela-se diferente. A crise chega de sobressalto, inesperadamente, até mesmo de maneira brutal e progressiva; vive-se com incerteza e aflição, desorientação e confusão durante um tempo mais ou menos longo, e sua resolução pode exigir uma mudança ardentemente desejada ou uma mudança não desejada e temida no decorrer da vida. Será necessário ter a capacidade de transitar a partir de uma estabilidade anterior para outra posterior, passando algumas vezes por uma situação de instabilidade. Na realidade, a vida do homem não pode ter "estabilidade estável", e sim é um processo de "passagem sucessiva de um tipo de estabilidade para outro". O estancamento na crise produz a "instabilidade crônica".

Por tudo isso, pode-se afirmar que o homem experimenta uma resistência à mudança e um medo à crise. A mudança autêntica se produz quando *somos transformados irremediavelmente a partir de forças exteriores a nós*. E, a partir daí, possibilita-se o crescimento: "A essência do desenvolvimento humano consiste em que o crescimento se produza ao se fundirem as velhas rotinas e quando os antigos elementos já não forem suficientes para as necessidades de um novo organismo".[16]

Seja como for, as mudanças e as crises assustam. O homem pode ter diante delas, entre outras, as seguintes reações:

- *Negar a crise*: dizer a si mesmo repetidamente: "Eu não tenho essa crise"; e agir como se

---

[16] Sennet, R. *The Uses of Disorder*, personal Identity and City Life. New York, 1970. p. 98.

não a tivesse só faz retardar seus efeitos no sentido negativo e torná-la mais explosiva no momento em que a pessoa não tiver outra solução a não ser enfrentá-la. Daí procedem as reações desmedidas de algumas pessoas diante das circunstâncias, que, insignificantes em si mesmas, não parecem ter essa capacidade.

- *Inibi-la*, o que pode ter expressão com certas doenças físicas menores (dores de cabeça, mal-estar indefinido...). Essa atitude, como a anterior, evita a evolução normal da crise no sentido positivo e construtivo.

- *A lamentação crônica*, surgida de uma profunda amargura existencial, fazendo que a pessoa não tenha outro tema de conversa nem outra preocupação em sua vida além daquilo que ameaça sua própria segurança ou que deixou uma cicatriz em seu espírito. A pessoa, ao ser excessivamente vulnerável, acabou ficando paralisada numa circunstância que a marcou de maneira notável; e, em vez de "transistar através dela", estabiliza-se nela, sem possibilidade de evoluir nem em seu ânimo nem em seu desenvolvimento: ficou num "presente passado" e assim "interrompe o seu futuro". Não chega a assimilar a "perda" incorporada à mudança.

A implicação comunitária na crise pessoal

É normal que uma crise pessoal seja detectada de uma ou outra maneira por seu próprio ambiente. A vida das pessoas se desenrola, para o bem e para o mal, dentro de uma comunidade; por isso, é natural que ela se sinta afetada por uma crise de um de seus membros e deva colaborar para sua solução.

É difícil para a pessoa superar a crise sozinha, precisamente pela sensação de desorientação e confusão que a rodeia nesses casos. Pela crise, a pessoa se vê fora do curso normal da vida, sente-se diferente e tende a isolar-se ou a compensar-se; acredita ser incompreendida; o ambiente, por sua vez, também não consegue compreender a pessoa em crise; e ela tem a impressão de estar sendo julgada e de caminhar na escuridão, por um túnel onde não consegue ver nem a entrada nem a saída.

Diante dessa essa situação, a comunidade sente-se incomodada e manifesta sua incapacidade ou impossibilidade de intervir com *as seguintes atitudes*:[17]

- *Negar a crise*, tentando convencer-se de que "está tudo bem", que não há motivo para tanto... "Não se preocupe, todos nós temos problemas." "Olhe, se você não der importância para a crise, ela desaparecerá por si só"... "Não pense nisso"... A comunidade quer proteger a pessoa e, com essa linguagem, protege tam-

---

[17] Norris, H. *Diriger les gens à travers les crises*. 1971.

bém a si própria do incômodo de precisar ajudar quem está em crise. O mesmo ocorre com relação à crise comunitária ou institucional; ao questionar o *statu quo,* experimentam-se angústia e insegurança; negar a crise é libertar-se do medo que ela produz e libertar-se de sua visão e conseqüente preocupação; e, com isso, tem-se a momentânea e fictícia impressão de sua inexistência.

- *Distrair-se...* mediante ocupações... ou inclusive em casos de crise vocacional, "mandando a pessoa para outro lugar ou dando-lhe férias"; à primeira vista, esse recurso poderia parecer uma solução; porém, na maioria das vezes, será apenas um desterro, uma vez que se afasta a pessoa do lugar onde ela tem de resolver a crise e do grupo de amigos que deveriam ajudá-la.

- *Censura e reprovação.* Reprova-se a pessoa por estar em crise, referindo-se mais à instabilidade do seu comportamento do que ao lado conhecido e positivo de sua personalidade. Essa atitude parece antecipar o malogro da pessoa diante da resolução da crise. Ela, além de sozinha, sente-se abandonada, julgada e considerada culpada.

- *Convicção de que a pessoa resolve melhor a crise em seu ambiente habitual e amparada por sua comunidade.* Nesse caso, ela presta mais atenção às suas possibilidades e aos elementos positivos de sua personalidade do que ao seu comportamento instável ou pessimista. Em alguns casos, e isso é bom, recorre-se a um "especialista profissional" (psicólogo, psiquiatra, psicanalista...); porém, não se pode esquecer de que ele não pode substituir a imprescindível tarefa da comunidade. Na rotina do dia-a-dia, a comunidade sustenta e anima a pessoa, e o especialista, por sua vez, ajuda-a a interiorizar as causas de sua situação e a atinar com as soluções adequadas. A comunidade ou a família não devem deixar-se atemorizar pelos acontecimentos, quaisquer que sejam. A atitude de incitação e de encorajamento é muito mais positiva do que a de reprovar a pessoa em crise.

Aspecto religioso da crise

Por sua própria estrutura, as crises convidam a refletir sobre o que se vive e como se vive. São um convite a que se dêem passos para a frente à medida que a pessoa aceita a interpelação que lhe é oferecida e começa a refletir sobre sua própria identidade. Assim, a pessoa pode reorientar sua própria vida constantemente. Viver é caminhar para o futuro.

A crise é uma experiência que pede para ser transcendida. A significação etimológica de *experiência* (de *experior*) *é atravessar, passear, andar através de.* Mediante essa travessia, chega-se a conhecer e a desentranhar uma nova paisagem, uma situação vital, algo, em suma, até então desconhecido e oculto em suas múltiplas possibilidades. Esse "chegar a conhecer" não é de índole teórica, livresca; ao contrário, trata-se de um *conhecimento adquirido mediante o contato direto com a realidade e com as pessoas.* A experiência é uma síntese do resultado da multiplicidade de relações ativas que o homem mantém com tudo que o cerca. Por isso, a experiência possui sempre um elemento subjetivo e ativo.

Experiência é, como já foi dito, "o saber que se adquiriu vivendo" (Aranguren). Não é o saber estudado ou aprendido, nem tampouco o idealizado ou construído. Por isso, a experiência possui relação com a vida, a história, a realidade. E a partir dessa relação, o homem constitui-se um "ser-experimentado", ou seja, um sábio no sentido de *sapientia*, embora não o seja no sentido de *scientia*. Nessa mudança experiencial, o indivíduo chega a ser pessoa, porque esta não é uma substância dada de antemão, mas conquistada como conseqüência do encontro do homem consigo mesmo, com os demais, com a natureza e com Deus e das experiências que realiza nesse processo histórico.

A própria desorientação específica de uma crise pode causar a intervenção de Deus em sua pessoa e o convite de Deus para que você saia da situação rotineira, convencional ou errônea em que se encontra, ou porque, em sua Providência, escolhe-o e destina-o para outro projeto. Talvez tenha sido essa última a atitude dos fundadores das ordens e congregações religiosas que experimentaram sua "crise de fundação", ocasionando-lhes "rupturas" ou "perdas sucessivas".

Por mais dolorosa que seja a crise, sempre é possível dar-lhe um sentido quando a relacionamos à *crise de Jesus Cristo* no Jardim da Oliveiras ou na cruz, ou à *crise de Maria* quando "uma espada atravessou seu coração". Entretanto, talvez como mais próxima de nós, podemos tomar como referência a *crise de Saulo,* que o transformou em são Paulo.

O relato de conversão do "fervoroso fiel Saulo" para o "fervoroso fiel Paulo" é um modelo para tirar proveito das crises. A experiência de conversão de Paulo tem todas as *características de uma crise na metade da vida.*[18] Paulo, religioso zeloso, embora equivocado, era um ativista judeu e passa por uma crise. Sente-se desorientado e confuso: fica cego durante alguns dias; ele fala e os outros não o ouvem nem compreendem. Porém, recupera a saúde no interior de uma comunidade cristã. Volta a enxergar; no entanto, agora "vê de maneira diferente" e empreende um caminho completamente diverso do anterior. Sente-se novo e adota um novo nome.

Aqui temos as características de uma crise de adulto, ou até institucional. Realiza-se uma "mudança de crença" adquirindo-se "outro tipo de crença". Passa-se por *maus momentos, de confusão, desorientação e isolamento.* Recebe-se ajuda dos outros "reunidos em nome de Cristo" e chega-se à mudança de desenvolvimento e crescimento.

Portanto, a crise pressupõe a passagem de uma situação para outra. É própria de uma *experiência.* Uma experiência religiosa pressupõe: experiência do sagrado, da transcendência e da alteridade pessoal. São es-

---

[18] WHITEHEAD & WHITEHEAD, op. cit., pp. 75-76.

ses três elementos que encontramos no relato da conversão ou crise de são Paulo. A partir de algo sagrado, é-se interpelado por e para a transcendência, a fim de experimentar uma alteridade; ou seja, conhece-se "um outro desconhecido" e realiza-se "um outro" da própria pessoa. "Sim, posso aceitar o que está acontecendo comigo como algo absolutamente normal; estarei mais propenso a considerar esses sinais como dificuldades de um crescimento, e não como sintomas de deterioração ou patologia."[19]

A crise é ao mesmo tempo vulnerável e criativa. O que começa como *assustador e doloroso* transforma-se logo, em muitos casos, em *misterioso crescimento e desenvolvimento da pessoa*. O passado bem assumido é fonte de energia e de acerto para o futuro. Podemos começar pela convicção de que o passado não pode ser mudado, mas pode ser aproveitado para o futuro, que está aberto a todas as eventualidades. Pela crise, o adulto "autodescobre-se", "descobre o futuro" e "torna-o criativo". "Não haverá esperança para o futuro se o passado permanecer inconfesso, não-assumido ou distorcido."[20]

Precisões a respeito da maturidade religiosa

As maturidades religiosa e psicológica devem andar em paralelo. A imaturidade psicológica é um obstáculo para a maturidade religiosa; a imaturidade reli-

---

[19] Cf. ZULLO, J. The Crisis of Limits; midlife Beginnings. *Human Development 3/1* (1982) 10.

[20] Cf. NOUWEN, H. J. M. *Reaching out.*

giosa é um obstáculo para a personalidade. Amadurecemos a partir da pessoa, que deve integrar os diferentes elementos que a constituem.

Amadurecer é integrar, assumir, orientar todos os elementos da pessoa, não se deixar absorver..., é abertura para os outros e para o outro e reatualização de si mesmo. Pressupõe um processo da imaturidade para a maturidade, do estado passivo para o ativo, da dependência para a autonomia, do egocentrismo para a socialização. Amadurecer é renunciar a permanecer estático e comporta ter de superar angústias, tensões, dúvidas e conflitos de todo tipo.

A afetividade representa um papel importante no amadurecimento da pessoa. Deve ser entendida como "capacidade individual para experimentar sentimentos e emoções agradáveis ou desagradáveis, que se manifestam por meio de reações emotivas, com efeitos definidos sobre o corpo e o espírito" (Bleuler). Manifesta-se por momentos de alegria, satisfação, entusiasmo, otimismo..., assim como por outros de angústia, ressentimento, vingança, ironia, desqualificação, complexos, defesas, retraimento, isolamento, agressividade, intriga, ataque, ativismo, sedução afetiva, amargura, descontentamento crônico... Do funcionamento da afetividade dependem as valorizações. Além disso, a afetividade rege a memória e a vontade. De tudo isso, inferimos a importância que a afetividade tem na vida e no comportamento das pessoas.

Quando o "eu" assume um processo de permanente amadurecimento, tem a *capacidade de*:

— ser autêntico;

— envolver-se em diversos níveis;

- analisar as situações vivenciadas;
- auto-avaliar-se e autocriticar-se;
- viver as emoções e controlá-las;
- saber manter distância do que é vivido para poder discerni-lo;
- ter autonomia e força do ego, não dominado nem pelo id nem pelo superego;
- calar-se, escutar-se, dizer-se... calar, escutar, dizer...;
- ter mobilidade e flexibilidade de atitude;
- ter certo grau de tolerância e permissividade...;
- controlar a agressividade, a frustração, as rupturas... assumir as diferenças...;
- viver em comunidade... colaborar e sentir-se co-responsável...;
- ter certa lucidez e clarividência...;
- discernir as ambigüidades;
- dizer e viver seu próprio medo;
- entrar na ideologia da mudança e da evolução;
- descobrir os próprios mecanismos de defesa, de fuga e de resistência;
- perceber as projeções e os fantasmas;
- propor mais do que impor;
- controlar os próprios sentimentos de insegurança, de angústia, de tristeza...;
- adaptar-se às novas situações;
- perceber o papel que se tem dentro do grupo;
- valorizar corretamente o tempo que se vive;

— aprender a partir da própria experiência e com a experiência alheia;

— seguir o processo dinâmico da busca da verdade e repensar o próprio comportamento;

— fazer escolhas responsáveis em contraposição aos comportamentos socioculturais;

— doar, lutar pela justiça, trabalhar pelo melhoramento da sociedade.

Todas essas características não só podem servir para conhecer o grau de amadurecimento da pessoa, mas servem também como referência válida para um caminhar progressivo em direção ao amadurecimento do eu.

A maturidade religiosa apóia-se em convicções pessoais libertas de mecanismos infantis e de patologias. Necessita de maturidade psicológica como pressuposto. Inclui todas as psicodinâmicas do ser humano orientadas para Deus, objetivo de sua existência; assim, nos salmos, vemos de que maneira as paixões humanas como o amor, o ódio, a vingança, bem como o respeito, a confiança, a esperança expressam-se em uma orientação para Deus em forma de louvor, súplica, queixa...

No reconhecimento da maturidade religiosa, será preciso analisar de que maneira a pessoa assume a religião. Bem sabemos que a fé pode ser autêntica e verdadeira, mas que também pode ser fruto de uma neurose, ou mera solução para os problemas de ordem parental, na medida em que eles existem.

Allport dá um esquema de análise ao dizer que "a fé religiosa é algo intrínseco e algo extrínseco".

— *Religiosidade intrínseca*, quando a religião é o motivo principal por meio do qual a pessoa organiza e compreende todas as experiências da vida. Nesse caso, "a religião é uma crença religiosa desenvolvida e madura". *Caracteriza-se por ser uma crença altruísta, oblativa, convicta, vivida...* A religião dá sentido à pessoa; sem a religião, a pessoa perderia sua razão de ser ou seria alguém totalmente diferente.

— *Religiosidade extrínseca*, quando a religião representa um determinado comportamento religioso compartimentado e externo, sem raízes na personalidade do indivíduo. É algo externo que se suporta ou de que se necessita. Refere-se ao *fenômeno utilitário e instrumental da religião* utilizado para cumprir suas obrigações, acalmar seus medos e sair-se bem em suas necessidades e problemas pessoais, inclusive a salvação eterna. *É a religião da pessoa imatura e ainda não desenvolvida.* Representa um valor não integrado, cuja importância capta-se apenas de modo superficial (religiosidade infantil). Esse tipo de religiosidade corre o risco de que, com o desenvolvimento cultural e intelectual e ao incidir em crise de fé, a pessoa chegue a abandonar a religião "porque já não lhe serve para nada". Caracteriza-se por seu egocentrismo, automatismo, aspecto defensivo, utilitário, narcisista, exibicionista, instrumentalista...

A fé funciona em correspondência com os processos psicológicos. Na pessoa madura, a fé intrínseca torna-se vértebra de sua identidade, fazendo parte de sua razão de ser e de existir. Em compensação, no imaturo, prevalece a religiosidade extrínseca, como algo aderido para seu proveito e para desvanecer angústias e fantasmas.

Em resumo, ao falar de fé religiosa, será preciso saber distinguir entre:[21]

— maravilhas da graça e patologias;

— sentimentalismo e fé;

— medo autêntico e angústias religiosas de dependência e terror;

— união mística e mística erótica, bem como processos de identificação;

— arrependimento verdadeiro e angústia culpável, narcisismo ou tabu;

— humildade, renúncia e masoquismo psiconeurótico;

— reação e oposição saudáveis e agressividade patológica;

— castidade e fobia sexual;

— prudência e angústia;

— moderação e passividade;

— zelo e hipomania;

— devoção e superstição;

---

[21] Cf. Dacquino, G. *Religiosidad y psicoanálisis*. Madrid, CCS, 1982. p. 209ss.

Conclusão

De tudo o que foi dito nessas páginas, é possível inferir que a maturidade no adulto é uma "força frágil", e que, durante toda a vida, a pessoa é questionada e instada a mudar de órbita ou a sincronizá-la adequadamente. Deve recorrer à sua *energia adulta* para que, mediante a *introspecção* (auto-análise e autocrítica), possa encaminhar cada *presente* para um *crescimento com sentido de futuro*. Muitas vezes, durante sua vida, o adulto é instado a mudar de ponto de vista em suas propostas, movido por reiteradas experiências de amor, dor, êxitos, frustrações, insucessos, esperanças, decepções...

No decorrer da vida, vai aprendendo que a idade adulta também é um "período instável" submetido a surpresas inesperadas; *não é uma realidade imutável*. Conscientiza-se de que a maturidade adulta é construída à base de acertos e erros, de êxitos e insucessos, sempre que todas essas experiências não produzam estancamento ou bloqueio na pessoa.

A imaturidade adulta procede de situações crônicas causadas por conflitos não resolvidos, questões do passado não remediadas, ou feridas não cicatrizadas que perturbam o normal desenvolvimento da experiência do presente.

Portanto, *a força do adulto é frágil*. São Paulo relata sua própria experiência adulta: "(...) não consigo entender o que faço; pois não pratico o que quero, mas faço o que detesto" (Rm 7,15).

Assim, a maturidade adulta pressupõe ter de fazer frente a uma imaturidade persistente. "Ser perfeitamente adulto não é algo permanente nem definitivamente triunfante... Seu pleno poder emotivo não pode ser percebido senão como algo frágil no tempo."[22] Aceitar essa realidade vem a ser para o adulto um constante desafio ao passado e ao presente para construir um futuro sempre melhor.

De tudo isso, conclui-se a necessidade de *acompanhamento também do adulto*, uma vez que "o homem é um ser em devir". Diz-se que a vida, por si só, faz o homem; melhor é afirmar que "o homem se faz assumindo adequadamente a realidade da vida". Freud fala de "pulsões de vida" e "pulsões de morte":[23] as duas, se devidamente assumidas, são causa e origem de criatividade, já que a maturidade é a resultante dessas duas forças concorrentes. "Adquirimos nossa maturidade à medida que aprendemos a ganhar e a perder."[24] No plano religioso, tratar-se-ia de uma aplicação ao "mistério pascal", em que morte e ressurreição constituem um *binômio dinâmico* de solução e de salvação; e assim a nova vida se dá, assumindo a morte de cada dia e de cada momento. "Se o grão de trigo que cai na terra não morrer, permanecerá só; mas, se morrer, produzirá muito fruto" (Jo 12,24).

---

[22] Sennet, op. cit., p. 124.

[23] Freud apercebeu-se das pulsões de vida e de morte ao ler são Paulo: "Diariamente estou exposto à morte" (1Cor 15,31).

[24] Whitehead & Whitehead, op. cit., p. 249. Cf. Pujol, J. *La pastoral desde la psicología de la religión*. Madrid, San Pío X, 1997. pp. 204-206.

Capítulo VI

O SUPERIOR EM SUA "FUNÇÃO" DE ANIMADOR DA COMUNIDADE

Por mais que seja tarefa de todos

Por mais que a função de animador da comunidade seja tarefa de todos, neste capítulo, entretanto, falaremos sobre a função específica que corresponde ao "primeiro responsável" da comunidade, isto é, ao superior. Este, sem a correspondência e a colaboração da comunidade, irá sentir-se anulado em sua função; e, em contrapartida, a comunidade, sem o impulso de um superior, irá sentir-se desorientada e inerte. Vejamos agora alguns pressupostos que tornam a animação possível.

Toda identidade se produz e se configura no diálogo permanente com o contexto que lhe coube viver. Isso também é certo com relação à obediência religiosa, sem minimizar o elemento que lhe é essencial, como é a vontade de Deus.

Na obediência, mais que uma submissão a normas e observâncias, trata-se de uma vida conforme o

O MINISTÉRIO DA ANIMAÇÃO COMUNITÁRIA

querer divino, que se deseja acima de todas as coisas. Esse aspecto corresponde à obediência evangélica ou obediência de todo cristão. Todavia, além disso, o religioso, com o fim de alcançar mais radicalmente essa obediência evangélica, serve-se de algumas Regras ou Constituições e dos Superiores, motivo pelo qual se deve afirmar que são três níveis sucessivamente subordinados: uma *utopia*, a obediência ao Evangelho; um *caminho*, a obediência às Regras; e *um meio* ou *condição*, a referência aos Superiores que mandam conforme as Regras.

Portanto, a função ou o ministério dos Superiores faz parte da profissão de obediência dos religiosos. Contudo, o modelo de função dos superiores está no modo como Jesus exerceu sua autoridade: uma "autoridade-serviço". Santo Agostinho define assim a função do superior: "Aquele que preside vocês não se deve considerar feliz pelo poder dominante, mas pela caridade serviçal".[1]

O processo de evolução da obediência

Nas quatro décadas anteriores aos dias de hoje, foi-se produzindo uma profunda e rápida evolução em todas as áreas do viver. Com relação à vida consagrada, primeiro se falou que haveria uma "crise de obediência" (dizia-se: os religiosos de hoje não obedecem cegamente como os de antigamente); em seguida, se falou em "crise de autoridade" (os superiores de hoje não sabem comandar como os de antigamente); e, hoje, se fala em

---

[1] *Regra de santo Agostinho*, XI.

112

"crise das instituições" (acredito que essa é a denominação mais acertada para estes tempos nesta sociedade bloqueada[2] e para o homem manipulado[3]). E se, em tempos passados, parecia que éramos regidos pelo passado, hoje parece que somos comandados pelo futuro, isto é, pelos que ainda não nasceram.

Na trajetória diacrônica dessas quatro últimas décadas, passamos de um senso de obediência "superior-inferiores", no qual o superior era visto como órgão e voz de Deus, ao binômio "superior-comunidade", e isso deu lugar a dois erros: para alguns, o superior era mais do que a comunidade; para outros, a comunidade era mais do que o superior. Em ambos os casos, o superior ficava fora da comunidade, acima ou abaixo. Hoje nos localizamos no binômio "comunidade-Jesus Cristo", sendo o superior a *alma* da comunidade, ou seja, o que faz que a comunidade preste atenção à obediência de Jesus, cujo alimento era fazer a vontade de seu Pai. Portanto, o superior é quem tem a missão de fazer que esse binômio seja fecundo e implique a responsabilidade de toda a comunidade.

Desse modo, a comunidade adquire nova consciência de estar centrada em Jesus Cristo, que a convocou e que, portanto, é a sua causa. O superior tem a primeira responsabilidade na tarefa de que esse pres-

---

[2] A esse respeito, já em 1970, M. Crozier escreveu *La société bloquée* (París, Éditions du Seuil). Anteriormente, em 1963, o mesmo autor fez um extenso estudo da situação da sociedade da época com a obra *Le phénomène bureaucratique* (París, Éditions du Seuil).

[3] Ver a esse respeito: AUDINET et alii. *L'homme manipulé*. Estrasburgo, Université de Sciences Humaines, 1974.

suposto seja levado em consideração e constitua a razão de ser da comunidade religiosa.

Portanto, já não se trata de submeter-se à vontade e ao mandato do superior quanto à vontade de Deus, permanentemente procurada pelo discernimento comunitário. O superior suscita essa procura. E é assim que a dependência prioritária à pessoa do superior é trocada pela dependência a Jesus Cristo como único expoente de autoridade. Portanto, em sua ação, o superior procura não agir partindo de sua autoridade, mas da autoridade de Deus, objeto constante de investigações, interpelações e discernimentos comunitários.

Vista dessa maneira, a obediência abrange a todos. Todos nós, superiores e toda a comunidade, sentimo-nos em obediência à vontade de Deus. Não se trata, portanto, de alguns mandarem e outros obedecerem; todos obedecemos, porque todos precisamos escutar[4] a vontade de Deus. Essa escuta significa aprofundamento e vivência da Palavra de Deus.

Conteúdo da função animadora do superior

Fundamentalmente, o superior está a serviço de seus irmãos de comunidade para promover a união e a comunhão fraterna e para procurar construir uma

---

[4] Obediência procede de *ob-audire*, escutar. Na Bíblia, não existe um termo cabal para expressar o verbo obedecer; por isso, utiliza-se o verbo escutar. "Agora, Israel, escuta as leis e os costumes que eu mesmo vou ensinar-te a pôr em prática: assim viverás e entrarás para tomar posse da terra que te dá o Senhor, o Deus de teus pais" (Dt 4,1). Esta expressão "Israel, escuta" encontra-se vinte e seis vezes no Antigo Testamento e uma no Novo.

comunidade na qual se busca a Deus. Dessa maneira, produzir-se-á a realização vocacional de cada religioso, a vitalização do Instituto e a eficiência na missão que lhe é própria.

Como a autoridade reside em Deus e prodece dele, será papel do superior motivar e tornar possível que os membros da comunidade se sintam motivados por essa autoridade. E, assim, o superior, mais do que *exigir* submissão, deverá *impulsionar* iniciativas. Um clima de ampla e autêntica expressão de grupo permitirá que Deus fale a partir de cada um dos membros da comunidade, precisamente por meio do benéfico intercâmbio de critérios e pontos de vista.

Assim pois, o superior tem a função de *animar*, isto é, ser princípio vital da comunidade e, para isso, deverá motivá-la profundamente a respeito dos objetivos que a unem: o seguimento de Cristo, a fraternidade e a continuidade da missão de Jesus. Por meio dessa animação, deverá, igualmente, pretender a *coesão da comunidade*, constituindo uma unidade no pluralismo; com características diversas e posições diferentes, todos pretendendo os mesmos objetivos. Por isso, o superior assume e tenta fazer que todos tomem consciência do "acontecimento" comum que reuniu a comunidade e foi sua causa: o "chamado do Senhor". Ele procura que essa realidade seja ponto de partida das vivências e experiências comunitárias.

"Os superiores exercem sua função de serviço e de guia, dentro do Instituto religioso, de acordo com a índole própria desse último."[5] Essa função de serviço é "missão eclesial", exercendo um poder que advém de Deus.[6]

Daí se deduz que o superior é "animador espiritual" da comunidade: partindo do carisma institucional, procura dar dimensão eclesial ao ser e ao agir do religioso e da comunidade, com o fim de acrescentar a expressão de caridade cristã. E assim o superior irá tornar-se instrumento de interpelação comunitária. Parte dos objetivos religiosos institucionais para impulsioná-los e propiciar seu crescimento nas pessoas, na Igreja e no mundo, para eles e com eles.

Por tudo isso, o superior experimenta uma sensação de "fragmentaridade": necessita descobrir a vontade de Deus que procura discernir, em diálogo de comunhão fraterna, com sua comunidade. E, sendo a comunidade um dom de Deus, o superior age por meio dela, apesar da sensação de fragmentaridade, de inutilidade e de gratuidade que inevitavelmente invade a pessoa. Por meio da disponibilidade ativa, tanto por parte do superior como da comunidade, esta continua construindo-se progressivamente. E é tarefa do superior impulsionar e coordenar todos os esforços.

Nas instituições religiosas de hoje, dá-se o fato de diferenciar a função de superior da comunidade da de diretor da obra apostólica, seja escola, hospital ou outra de tipo assistencial. Trata-se de duas funções bas-

---

[5] CONGREGAÇÕES PARA OS RELIGIOSOS E INSTITUTOS SECULARES E PARA OS BISPOS. *Mutuae relationes* (1978) 13.

[6] CÓDIGO DE DIREITO CANÔNICO, c. 618.

tante diferentes; apesar de ambas serem animadas pelo mesmo Espírito, são exercidas com filosofias diferentes. Enquanto o diretor da obra apostólica (escola, hospital...) precisa agir no sentido empresarial com vistas à efetividade, por razões de justiça e de bom serviço e, portanto, reger-se por parâmetros de exigência e com um aparato administrativo, o superior de comunidade, em compensação, tem uma função mais de ordem parenética ou exortativa, como é a de ir animando o "seguimento de Cristo", incrementar o testemunho de fraternidade evangélica; para isso, deverá incentivar a oportuna motivação e lembrar os objetivos que nos movem e para os quais orientamos a totalidade de nossa existência.

Como o superior situa-se na comunidade

Em primeiro lugar, ninguém "é" superior, e sim "está" como superior por um período determinado. Superior é uma situação adjetiva de uma realidade substantiva: ser religioso.

Evidentemente, o superior não pode colocar-se em atitude de "totalidade" (utilizando o dativo de interesse: "eu governo a comunidade", "eu sei o que é bom para ela"...), e sim em situação de real "fragmentaridade", convencido de que é um dos elementos de uma combinação plural com a missão de mobilizar o restante, e, portanto, não pode ser tudo.

O interesse pelas pessoas deverá preceder o interesse pelo bom funcionamento. Inclusive, nunca deverá procurar a eficácia em detrimento da atenção das pessoas. Melhor dizendo, a eficácia deverá pretender-se dentro do apreço e do respeito pelas pessoas. Ao superior deve interessar tudo o que faz referência à pessoa de cada religioso, seja em nível humano, espiritual ou profissional.

Na dinâmica de seu funcionamento, o superior deve ter em mente que é o encarregado de dirigir a comunidade a partir da própria comunidade. Portanto, deverá manifestar grande respeito pelas pessoas, uma vez que os objetivos da comunidade não são alheios aos objetivos das pessoas ou vice-versa, mas se encontram "nas" pessoas e dentro delas. É evidente que, mesmo imbuído das melhores intenções, o superior não pode nem deve impor sua própria maneira de pensar e de existir no grupo comunitário. Cada grupo comunitário tem sua própria identidade a partir da idiossincrasia das pessoas. Não se trata de impor determinadas maneiras de ver ou de conceber a vida consagrada, nem sequer sob o pretexto de exigências institucionais; trata-se, sim, de propor mais do que de impor.

O superior deve colocar-se numa posição de "animador" da comunidade; ou seja, suscitar a vida do grupo e questioná-lo a respeito de sua situação real. Com isso, permitirá que cada pessoa tenha existência própria, partindo de sua maneira particular de ser.

A atitude atenciosa e solícita de "serviço" permite ao superior fazer o grupo passar de uma situação de inanimado e passivo para outra de animado e ativo, potencializando sempre as possibilidades das pessoas e do grupo. Em qualquer superior, aprecia-se mais a atitude fraterna de acompanhante do que a de especialista. O acompanhante faz crescer, enquanto o especialista facilmente apassiva quando os demais delegam a ele todas as competências.

Alguns aspectos práticos da função animadora do superior

Dentre as diversas mudanças produzidas nas últimas décadas, não cabe nenhuma dúvida de que os religiosos passaram da situação de "moluscos" para a de "vertebrados". Na situação de "molusco", o religioso, de um lado vivendo a *fuga mundi* e, do outro, uma total dependência do superior, era excessivamente protegido, o que o impedia de ter personalidade e existência próprias; agora, como *vertebrados*, cada qual precisa ter seu próprio sistema de crescimento e de amadurecimento. Além disso, os superiores foram passando do exercício da autoridade de maneira "clássica" para a autoridade "colaboradora e participativa". Já não se parte de um sistema intocável e seguro de animação, mas do resultado do discernimento das situações e problemas concretos aos quais a animação deve dar uma orientação e iluminação dos valores e das novas atitudes, que é preciso continuar robustecendo e promovendo.

Portanto, no exercício da autoridade, não mais partimos de estruturas pré-fabricadas, mas é necessário ir fabricando as estruturas que, conforme o Espírito do Senhor, que é "estruturante", nos coloquem no Caminho, na Verdade, na Vida e na Luz, que constituem a definição de nossa vida religiosa. Tudo isso se alcança à medida que se suscita a interpelação do grupo e da pessoa, a iniciativa, a criatividade, a participação, a capacidade de determinação, de compromisso, a motivação...

Para isso, é conveniente que o superior procure possibilitar um clima propício para falar dos interesses e dos problemas comunitários e de seus planos; que aflore a afetividade subjacente. Esse clima é bastante adequado para os "ajustes" comunitários e propicia aos diferentes membros da comunidade prestarem atenção às plurais demandas, ao mesmo tempo que cada qual possa aperceber-se progressivamente da razão ou nãorazão das respectivas exigências.

A atual situação de nosso contexto social, no que se refere ao exercício da obediência, vem mediada por uma nova concepção do homem e da sociedade, que se expressa nos seguintes sintomas:

- *Afastamento de um "programa guia"* pré-fabricado e elaborado por técnicos, que, em nível "objetivo", pode ser excelente; contudo, dentro dele, não se encontrarão os indivíduos aos quais o programa será imposto como modelo.

- *Desafeto e até agressividade pelo "exógeno"*, isto é, pelo que vem de fora, recebido como imposição. Priva o grupo comunitário da possibilidade de reger-se a partir de si próprio. O exógeno é percebido como uma intromissão e vulneração à maturidade e ao senso de responsabilidade do grupo.

- *Interesse da comunidade por "centrar-se" em si mesma,* por poder "expressar-se" a partir de seus próprios interesses e de problemas comunitários reais, e não em soluções ideais ou na enervante repetição de tópicos.

Entretanto, na experiência de aplicação desses sintomas, interferem riscos que repercutem na estabilidade da paz comunitária em não poucas ocasiões:

- podem surgir *matérias explosivas,* seja pela maneira intemperada de colocá-las em comum, seja pela falta de capacidade de assumi-las com equanimidade por parte de alguns ou vários membros da comunidade;

- pode ser que ocorra um *fenômeno que supere o normal "saber-fazer" do superior;* pode acontecer que as "vísceras" se imponham em detrimento da racionalidade ou do "senso comum"; que se viva uma situação como se somente existissem intuições afetivas e como se não houvesse saber, experiência e bom senso nos superiores; e assim a comunidade poderia sentir-se afundada em situações de rejeição e de bloqueio;

- *perigo de ficar à deriva* quando não se consegue encontrar uma forma de conciliar ou aproximar as diferentes tendências, uma vez que, em vez de enriquecer o acordo comum, o interesse comum e o espírito comum, só conseguem a divisão irreconciliável nos aspectos que deveriam ser comunitariamente compartilhados.

Não há nenhuma dúvida de que a autoridade mudou de signo: de *impositiva* (exógena, repressiva), passou para *criativa* (libertadora, motivadora, respeitosa, dialogante, endógena); e, hoje, prefere-se o "testemunho" de uma vida à "efetividade" de um trabalho.

Hoje, todos preferem e, assim, os superiores devem aplicá-la: a "moral do bem" à "moral do dever", por mais que isso pressuponha o perigo de se andar às apalpadelas e seja preciso fazer como Abraão, ir fabricando o esquema do porvir.

Isso nos leva a pensar que a animação comunitária, sendo em princípio responsabilidade do superior, é ao mesmo tempo uma "co-responsabilidade" de todos os membros da comunidade. Todos são e devem sentir-se animadores. Portanto, o superior é "animador dos animadores". Animar não significa persuadir os demais a se ajustarem aos nossos esquemas, mas ser o princípio vital da reflexão e da abertura à reflexão de todos. Os objetivos institucionais presidem essa busca e são a causa do encontro comunitário.

Objeto e conteúdos específicos da função do animador comunitário

O ponto de partida ou centro de coordenadas para o superior em sua função de animador comunitário deve localizar-se dentro do próprio grupo comunitário, considerando ao mesmo tempo suas características específicas e seus objetivos institucionais e fundacionais e o carisma que representa. Portanto, par-

O SUPERIOR EM SUA "FUNÇÃO" DE ANIMADOR DA COMUNIDADE

te-se de um grupo de pessoas que têm uma "vocação" que exige desenvolver uma "consagração".

Essa consagração é vivida e revivida por meio de continuadas experiências de oração, vida de fraternidade comunitária, trabalho ministerial, formação permanente, lazer etc., que são meios pelos quais o superior procurará incidir no exercício de sua função para conseguir os objetivos próprios.

O superior deve viver uma atitude heurística no sentido de que "deve ser dócil à vontade de Deus no desempenho de sua função".[7] Trata-se de uma docilidade ativa, de permanente descoberta, que se concretiza no exercício de uma tripla função:[8]

- *Mestre de vida espiritual*, procurando fazer crescer a vida espiritual das pessoas e das comunidades conforme o carisma próprio. "Os superiores têm uma obrigação importantíssima: considerar de primordial importância a fidelidade dos religiosos ao carisma de seu Fundador e fomentá-la por todos os meios ao seu alcance".[9] Os superiores "têm a missão e a autoridade do mestre de espírito em relação ao conteúdo evangélico do próprio Instituto".[10] Por isso, é incumbência dos superiores a *direção*

---

[7] Ibid., c. 618.

[8] CONGREGAÇÕES PARA OS RELIGIOSOS E INSTITUTOS SECULARES E PARA OS BISPOS. *Mutuae relationes* (1978) 13a.

[9] Ibid., 14c.

[10] Ibid., 13a.

espiritual coletiva da comunidade, ou seja, a função de *feedback* espiritual permanente, de acordo com as necessidades do conjunto, com o fim de evitar o risco de instalar-se em certa mediocridade institucionalizada.

- *Função de santificação* como pretensão normal e natural da missão eclesial do superior, uma vez que "é próprio dos superiores a missão e o mandato de aperfeiçoar, por meio de várias incumbências, tudo aquilo que tenha relação com a vida de caridade, de acordo com o objetivo do Instituto".[11] E esse aspecto concretiza-se tanto por uma real preocupação pela "renovação ou formação permanente" que o superior deve garantir e procurar animar adequadamente, como no que se refere à fidelidade pessoal e comunitária dentro do estilo de vida ou carisma de cada Congregação religiosa. Por isso, os superiores, "acima de tudo, procurarão fazer que os religiosos se preparem para isso (na renovação que prescreve o Concílio e que os nossos dias exigem) com uma formação adequada e que corresponda às exigências dos tempos atuais".[12]

- *Exercício da autoridade* com vistas "a dar na Igreja um testemunho público de entrega total a Deus".[13] E esse testemunho público expressa

---

[11] Ibid., 13b.

[12] Ibid., 14c. Igualmente, cf. PC 2d, 14 e 18; e Código de Direito Canônico, cc. 660 e 661.

[13] Ibid., 14a.

O SUPERIOR EM SUA "FUNÇÃO" DE ANIMADOR DA COMUNIDADE

"a transfiguração do mundo oferecido a Deus numa vida inspirada nas bem-aventuranças" (LG 31). Por isso, compete uma importante responsabilidade ao superior, que "deve exercer em espírito de serviço o poder recebido de Deus por meio da Igreja",[14] "visando ordenar a vida da própria comunidade"[15] de acordo com o carisma e a missão próprios e a inserção eclesial. Desse modo, será favorecida a promoção integral, pessoal e comunitária dos membros componentes da comunidade.

De tudo o que foi dito, pode-se deduzir que o papel do superior não pode ser reduzido a "conservar" a comunidade com um simples verniz religioso que encubra certa atonia ou mediocridade comunitária, mas pode-se pretender que os religiosos mantenham-se imersos e comprometidos num processo de renovação permanente. Os critérios de renovação devem substituir os de simples conservação de práticas de espiritualidade. Dessa forma, o superior, longe de limitar-se a uma função tranqüilizadora e de pacificação da comunidade, deve ser um meio de constante interpelação, que impulsione e anime verdadeiramente a comunidade para um compromisso evangélico coerente com a consagração.

Portanto, para o exercício da missão de superior, é imprescindível uma preparação tanto em nível an-

---

[14] CÓDIGO DE DIREITO CANÔNICO, c. 618.

[15] CONGREGAÇÕES PARA OS RELIGIOSOS E INSTITUTOS SECULARES E PARA OS BISPOS. *Mutuae relationes* (1978) 13c.

O MINISTÉRIO DA ANIMAÇÃO COMUNITÁRIA

tropológico quanto espiritual. Sua função não parte tanto de ministrar "saberes", mas de "saber-existir-como pessoa", "saber-coexistir-em-comunidade" e "saber-pró-existir-para-os-outros". Essas atitudes não se ensinam; cada um precisa "apreendê-las" a partir da leitura de sua própria *experiência pessoal*, das *experiências de convivência e das experiências de pró-vivência*. Isso é alcançado à medida que se assume a atitude de "discípulo", despojando-se da de "mestre". Pressupõe, portanto, entrar num processo de escuta e de conversão.

A partir dessa situação, devem entender-se as *atitudes* prescritas pelo Código de Direito Canônico aos superiores:[16]

1. *Governem os seus súditos como filhos de Deus.* Os religiosos não pertencem ao superior, mas a Deus; portanto, o superior deverá colocar-se na vontade de Deus, que desconhece e procura descobrir permanentemente "com e desde" seus irmãos de comunidade. Se seus irmãos são "filhos de Deus", isso pressupõe que o superior terá de colocar em relevo a consagração batismal (sacramentos de iniciação cristã), que constitui a razão de ser da consagração religiosa. Essa atitude propiciará um incremento da *fraternidade evangélica* na comunidade e, ao mesmo tempo, uma consciência da *filiação divina.*

2. *Mostrem veneração e respeito pela pessoa humana.* O superior deve interessar-se pelo pro-

---

[16] CÓDIGO DE DIREITO CANÔNICO, c. 618.

126

cesso da pessoa humana mais do que pelo trabalho que ela realiza ou de que esteja incumbida. No que se refere à evolução antropológica, espiritual, ideológica da pessoa, deve ser objeto de cuidado constante do superior. Essa é a razão de sua dedicação pessoal e proximidade com cada um dos religiosos, com o fim de prestar-lhes apoio e acompanhamento às suas necessidades.

3. *Promovam a obediência voluntária.* Trata-se da obediência a partir de uma atitude adulta e madura: obediência de participação e colaboração mais do que submissão. Colaboração unificando esforços e colocando pontos de vista plurais em comum, com o fim de descobrir os planos de Deus e não os planos do superior. Disso resultará um clima de liberdade favorável à união do projeto pessoal com o projeto institucional: os dois situados dentro da mesma ótica de seguimento de Cristo. A eficácia administrativa não deveria ser causa de desconsideração das pessoas.

4. *Ouçam-nos com boa vontade.* Prescreve-se que o superior incremente sua capacidade de diálogo constante ou de "nunca terminar". Escutar uma pessoa ou um grupo de pessoas, por si só, já é uma demonstração de respeito, de afeto e de consideração por elas. Com essa atitude, o superior vive e suscita uma sensibilidade favorável para todas as pessoas; todos os

pontos de vista merecem a máxima consideração, ao mesmo tempo que também todos devem ser devidamente compreendidos. Todas as ideologias representam contribuições que enriquecem a comunidade tanto pelo acerto objetivo que podem conter quanto pelo fato de fazerem "pensar e repensar" constantemente nossos postulados. Evita-se assim dogmatizar critérios tradicionais ou radicalizar instituições... A "escuta permanente" pode ser vivida como inquietante, intrigante, inoportuna e até mesmo como algo que atenta contra a paz e a ordem estabelecidas. A cordial acolhida nascida na maturidade humana, pelo caminho do discernimento, leva-nos a contemplar "novos céus e nova terra", partindo da perspectiva do "homem novo".

5. *Fomentem as iniciativas dirigidas ao bem do Instituto.* É um passo a mais. Não se trata apenas de escutar as iniciativas da comunidade, mas também de "fomentá-las". E isso contradiz a passividade que normalmente se estabelece com a rotina do funcionamento institucional. A comunidade compõe-se de pessoas diferentes por ideologia, por formação, por critérios, por idade... e tudo isso deveria ser visto e percebido como o "dom de línguas" com que Deus favorece cada Instituto, embora não poucas vezes se produza dentro do contexto de um "vento impetuoso". O Senhor nos fez

diferentes (como Jesus escolheu os seus, muito diferentes uns dos outros) para que, a partir da originalidade de cada um, possamos contribuir para o bem comum do Instituto. Da heterogeneidade surge a riqueza.

6. *Fomentem as iniciativas dirigidas ao bem da Igreja.* A vida consagrada é essencialmente eclesial: surge na Igreja e para o bem da Igreja e do mundo. E isso tanto pelo *testemunho* que está obrigada a dar por natureza (pertence à santidade da Igreja) como pela *missão* que institucionalmente está comprometida a exercer.

7. *"... ficando, no entanto, sempre a salvo sua autoridade de decidir e mandar o que deve ser feito."* Refere-se ao uso da "última palavra"[17] que lhe compete, por dever, depois de ter-se identificado com os seis parágrafos anteriores. Essa última palavra sintetizará o diálogo comunitário, ou será conseqüência dele, de acordo com as inevitáveis exigências de sua consciência, sendo ele o "primeiro responsável" pela comunidade. Do mesmo modo, essa última palavra obriga a que seja feito, no nível da ação concreta, por mais que cada um possa continuar sendo fiel ao seu próprio critério ou opinião.

---

[17] "Convém, todavia, recordar que *cabe à autoridade a última palavra*, como lhe compete depois fazer respeitar as decisões tomadas" (VC 43); cf. VFC 47-53.

Entretanto, quais seriam os *conteúdos* da animação comunitária por parte do superior da comunidade? Vamos extraí-los do Código de Direito Canônico:[18]

1. *Dediquem-se diligentemente ao seu ofício.* Ou seja, é importante que procurem identificar-se com a missão de superior que devem protagonizar. O superior é uma pessoa "da" comunidade, "surge" da comunidade e é "para" a comunidade. Sua razão de ser e de agir tem seu centro de gravidade na comunidade. Portanto, não deverá assumir ocupações que estabeleçam dicotomia ou incompatibilidade com relação à ocupação fundamental da comunidade. A atitude de "presença" comunitária é uma de suas primeiras obrigações. A dedicação que sua função animadora exige não é tanto de "fazer coisas", mas de "viver em, com e para a comunidade". Naturalmente, essa ocupação comunitária não deve, em nenhum momento, ter matizes de paternalismo nem interferência que limite a liberdade e a autonomia dos componentes da comunidade, ocasionando-lhes um mal-estar existencial.

2. *Procurem edificar uma comunidade fraterna em Cristo, em união com os membros que estão aos seus cuidados.* Portanto, o superior não age a partir de seus pressupostos nem de si mesmo, e sim a partir de sua comunidade. O bom re-

---

[18] Código de Direito Canônico, c. 619.

lacionamento do superior com a comunidade é um pre-requisito indispensável para a edificação da comunidade; por isso, não pode prescindir da colaboração de seus irmãos nem ficar alheio ao clima de frieza, ressentimento, resistência ou distanciamento que possa pressentir em alguns ou em vários membros de sua comunidade. Cabe-lhe suscitar um clima de afetividade, dentro da maior autenticidade e sinceridade, que é o contexto favorável à edificação da comunidade em Cristo. O superior tem sob seus cuidados irmãos para com os quais tem uma responsabilidade, da qual não pode descuidar-se; não se trata tanto de uma responsabilidade para "conseguir", mas de "possibilitar e facilitar". Portanto, o superior deve cuidar para que suas relações facilitem sua missão pastoral.

A vida em comunidade tende a uma "comunidade fraterna em Cristo", uma vez que "a vida comunitária tem seu fundamento não em uma amizade humana, mas na vocação de Deus, que livremente os escolheu para formar uma nova família, cuja finalidade é a plenitude da caridade e cuja expressão é a observância dos conselhos evangélicos".[19] Chegar a esse objetivo deve ser a aspiração de toda comunidade religiosa e, portanto, de todo superior como tal.

---

[19] João Paulo II. *Alocución a los religiosos de España* (2 de novembro de 1982).

3. *Fortaleçam os membros com o alimento da Palavra de Deus.* Trata-se de um processo de alimentação para um fortalecimento naquilo que, por ter sido a causa de sua origem, é essencial para a sua continuidade: a Palavra de Deus. Se a Palavra de Deus une a comunidade, é natural que continue sendo sua razão de ser em tudo. A comunidade deverá escutar, pronunciar, compartilhar e celebrar essa Palavra; bem como deverá aprofundá-la e fazer com que seja sua norma de conduta. O superior deve pretender esse objetivo por si mesmo e (ou) com a ajuda de especialistas em diversos níveis.

4. *Induzam-nos à celebração da sagrada liturgia.* É conseqüência necessária e lógica do anterior. Escutar a Palavra de Deus exige sua celebração. Uma comunidade religiosa deve celebrar a presença de Deus, o chamado de Deus, a ratificação da consagração batismal. Por isso, é missão do superior prestar atenção na animação dessa faceta comunitária. A comunidade deve "colocar-se em dia" no que diz respeito à liturgia, como expressão de sua vida e de seu carisma; quer se trate de celebrações litúrgicas exclusivamente comunitárias, quer de outras que são compartilhadas com outras pessoas próximas à nossa missão.

5. *Dêem o exemplo no exercício das virtudes.* Certamente, não é exigível que os superiores encarnem todas as virtudes; basta que manifes-

tem respeito e atitudes de amor à Igreja, ao carisma da Congregação, diferenciem-se por sua caridade, prudência, vida de oração, disponibilidade de serviço e interesse em estimular a comunidade. A sua trajetória pessoal precisa estar em sintonia com a trajetória que deve estimular na comunidade.

6. *Dêem o exemplo também na observância das leis e tradições próprias.* O superior deve ter uma atitude coerente com o estilo de vida da instituição. Portanto, deve procurar aprofundar-se e fazer aprofundar no patrimônio e carisma da Congregação. É uma questão de que, como no item anterior, o superior esteja institucionalmente integrado e em sintonia com o carisma de fundação.

7. *Ajudem os irmãos convenientemente em suas necessidades pessoais.* O gênero de vida do superior e sua peculiar maneira de viver integrado na comunidade deverão permitir-lhe estar atento às necessidades pessoais de seus religiosos: não se trata de inquirir a respeito delas, mas de "estar atento" a elas com o fim de incidir com disponibilidade de serviço.

8. *Assistam com solicitude e visitem os doentes* quando estes se encontrarem em situação de indigência e fragilidade. Tratando-se dos membros mais necessitados da comunidade, atendê-los de maneira particular e prioritária faz parte do exercício das obras de misericórdia. Os religiosos se entregaram completamente à Congregação e parece natural, portanto, que

recebam dela os cuidados e atenções de que qualquer pessoa necessita em momentos de indigência e fragilidade.

9. *Corrijam os inquietos ou rebeldes.* Refere-se aos religiosos que perturbam o bem comum. O superior não pode nem deve omitir-se nessas ocasiões; ao contrário, tem a obrigação de agir pessoalmente, mesmo que já exista uma atitude comunitária a esse respeito. Os inquietos ou rebeldes não podem querer impor sua norma à comunidade, principalmente se ela vai contra os princípios da vida consagrada e tenta instalar a comunidade num nível de mediocridade. Contudo, também pode acontecer que a "inquietação" de alguns tenha o selo da vontade de Deus para o conjunto da comunidade; o exercício do discernimento em cada momento é imprescindível. E, em caso negativo, o tato na ação do superior deverá inclinar-se a defender os objetivos que devem reger as aspirações comunitárias.

10. *Consolem os pusilânimes.* A pusilanimidade pode ter sua origem na estrutura pessoal, mas também pode ser que o religioso se sinta intimidado pelo funcionamento comunitário. E assim a pessoa vive situações insuperáveis que bloqueiam todos os seus ideais e tornam inúteis seus esforços. Nesse caso, o superior deverá manifestar uma atitude que inspire otimismo, serenidade, equilíbrio, entusiasmo, coragem etc.

11. *Sejam pacientes com todos.* A paciência do superior deveria estar situada e ser extraída do contexto de 1Cor 13,4-8, no sentido de que é prestativa, é decorosa, alegra-se com a verdade, desculpa tudo, suporta tudo, espera tudo, não termina nunca, não é invejosa, não é orgulhosa, não se envaidece, não procura seu interesse, não se irrita, não leva em consideração o mal, não se alegra com a injustiça... E essa atitude deve ser para com todas as pessoas, sem exceção, seja qual for a sua índole, temperamento, caráter, influência, utilidade...

A falta de paciência e a intemperança do caráter repercutem de maneira negativa no clima comunitário e agem em detrimento da normal e saudável influência que o superior deve ter para o exercício de sua função.[20]

A autoridade no exercício da animação comunitária

Se houve mudanças no sentido da obediência religiosa, também haverá uma mudança no entendimento da palavra "autoridade". Quando o religioso era considerado "molusco", havia um modo de entender a autoridade; hoje, tempo em que se pede ao religioso uma atitude de "vertebrado", a autoridade deverá ter outra maneira de ser entendida e aplicada.

---

[20] Para maior informação a esse respeito, cf. DOMINGO, J. A. *El Derecho de los religiosos*; comentario al Código. 3. ed. Madrid, Claretianas, 1983. pp. 88-108.

Nas épocas em que os meios de vida comunitária estavam sacralizados e eram impostos como inquestionáveis, não aconteciam hesitações no exercício da autoridade; refiro-me às épocas em que se reconhecia um "único caminho válido", no qual era preciso insistir; essa fidelidade disciplinária a alguns meios poderia fazer perder de vista os objetivos. No entanto, hoje, com "mil caminhos abertos", surge a hesitação sobre o caminho mais conveniente a ser tomado; colocando em primeiro plano os objetivos de hoje, relativizam-se os caminhos tradicionais, experimentando o dito de Kafka: "Existe uma meta, mas não existem caminhos, e o que nos parece um caminho não é senão uma hesitação". Diante dessa situação, temos de ser criativos, aplicando-nos a expressão de Platão: "Não existe vento favorável para quem não sabe para onde vai". E hoje tentamos tornar favoráveis todos os ventos, acreditando que sabemos para onde nos dirigimos.

Deduzirei a orientação, que hoje deve ser dada ao exercício da autoridade, de suas próprias etimologias, tanto gregas (*auxo, auxano*) como latina (*augeo*). Em ambas as raízes, expressa-se o conceito de "crescimento", "fazer crescer", "permitir ser", "brotar", "surgir". Portanto, em cada caso, algo que surge de baixo para cima. E aí pode residir nossa principal dificuldade.

Entretanto, normalmente nos é mais fácil e gratificante:

— administrar corretamente do que viver conjuntamente;

— dizer aos outros o que devem fazer do que partilhar os mesmos objetivos caminhando juntos;

— apresentar nossos descobrimentos e experiências (que nos parece mais seguro) do que refletir sobre a mútua experiência com o fim de descobrir juntos o caminho a seguir;

— ser fiel guardião do sistema do que "impulsionador do crescimento da vida das pessoas e da comunidade".

Assim entendida, a autoridade permite crescer mais pelo clima de proximidade com que é exercida do que pela atitude de distanciamento próprio de uma concepção mais hierática. Hoje, no exercício da autoridade, procura-se responder ao "ser/estar-com", com o fim de "ser/estar-para-os-outros", em função dos objetivos que lhe são próprios.

Postulo uma atitude simétrica "superior-comunidade" que transforme a autoridade de "mando" em autoridade de "influência", mesmo tendo o dever do exercício da "última palavra". Contudo, será um êxito de sua autoridade de influência fazer surgir a reflexão do grupo comunitário, como "animador" que é do mesmo, para que a sua última palavra não venha a ser um remédio para a insuficiência reflexiva da comunidade ou para a sua incapacidade de chegar a um acordo nem constitua ameaça sobre a comunidade.

O superior, só pelo fato de sê-lo, não deve ser o mito que perturba a espontaneidade e o desenvolvimento das pessoas; muito pelo contrário, deverá favorecer, por sua própria atitude, a espontaneidade e o clima de confiança na comunidade e de cada um com o superior. Acontece algumas vezes que o superior, por sua própria índole, pode apresentar-se como a pessoa mais bem informada sobre o que a comunidade necessita *fazer* e, ao mesmo tempo, a menos informada sobre pelo que *passa* e o que *vive* a comunidade; pode também ocorrer de um superior estar mais presente nos *planos* do que na *vida real e concreta* da comunidade.

O superior não deve esforçar-se tanto para que seus irmãos adiram às suas proposições, mas suscitar a adesão ao bem procurado num clima de abertura e de confiança. Trata-se mais de suscitar o compromisso do que de impô-lo.

O exercício da autoridade traz no bojo o *respeito pelas pessoas,* que, em nenhum caso, significa indiferença, nem despreocupação, nem desentendimento, e sim o respeito que se manifesta pela *distância afetuosa e agradável* pela qual se quer o bem da pessoa a partir dela própria. A incontinência temperamental se opõe ao respeito à pessoa. Mais que de imposição, o superior deve esforçar-se em ser símbolo da consagração que é preciso viver.

A atitude simétrica que postulo pede capacidade de escutar e de falar de ambas as partes, superior e irmãos. E, nesse contexto, o superior deverá esforçar-se em ser exemplo de:

— saber refletir com seus irmãos;
— saber dar opiniões, que não é a mesma coisa que ministrar saberes;
— saber estar atento às opiniões dos outros;
— respeitar a palavra e o silêncio dos outros.

Enquanto a transmissão de saberes pode intoxicar, a busca conjunta faz descobrir a vida, anima-se na responsabilidade e cria um clima de fraternidade. E, assim, o superior prefere que se instaure a livre expressão, apesar dos inconvenientes reais que pressupõe a curto prazo.

Um superior deveria perguntar-se sobre sua capacidade de escutar queixas, expressões de agressividade e de mau humor, reações descomedidas e má vontade dos seus irmãos. O superior, com essa capacidade, aprende com seus irmãos, de acordo com a expressão do Talmude: "Aprendi muito e fico muito agradecido aos meus mestres; aprendi muito mais e fico muito mais agradecido aos meus discípulos".

O sistema de ensino de Jesus era parabólico e interpelador ("entenda quem entender"), recorrendo à capacidade das pessoas, às quais "permitia" aprender. Nessa linguagem, o superior poderia encontrar sua própria fórmula, coerente com a sua maneira de ser.

Ser superior e exercer essa missão de maneira adequada procede mais de uma "filosofia" do que de uma "metodologia" propriamente dita. Pede e exige estar com a comunidade "sem ser nem seu pai, nem seu mestre, nem seu juiz", mas somente seu "irmão" e "animador".

Finalizando, uma comparação simbólica com relação à função do superior pode ser encontrada no "jardineiro". Ele não faz crescer as plantas, simplesmente permite que cresçam e favorece o clima e os meios para o crescimento. O jardineiro percebe suas limitações e sabe que pode apenas "cuidar" das plantas, "amá-las", proporcionar-lhes "carinho"... E está provado que, quando essas atitudes se dão, as plantas crescem melhor. O jardineiro aduba a terra, tira as ervas daninhas, rega as plantas, protege-as contra a intempérie e os rigores climáticos; porém, as plantas crescem de acordo com o seu "próprio ritmo". De nada adiantará se o jardineiro, com o propósito de acelerar o crescimento de uma planta, der-lhe um puxãozinho de vez em quando. As plantas se tornariam vítimas de seu zelo desmedido.

Limites da autoridade

A concepção descrita sobre o termo autoridade não se ajusta, portanto, aos conceitos de poder, dominar, convencer, ser dono da verdade, impor... que têm o comum denominador da *libido dominandi*. Tampouco a autoridade pretende fazer cumprir ou tornar os outros semelhantes a si próprio, mas sim livres, diferentes, responsáveis e com crescimento a partir de si mesmos, de acordo com sua própria originalidade. E assim a autoridade permite que se extrapolem seus próprios esquemas, ficando abertos para novas formas de expressar os mesmos objetivos.

A autoridade torna-se repulsiva quando pretende conquistar o outro, quando pretende marcar o porvir como conseqüência do passado, quando, pelo presente, pretende-se deixar marcada a trajetória do futuro, privando-o da liberdade para que ele possa ir construindo a si mesmo a partir da leitura dos sinais dos tempos à luz do Espírito Santo.

Pelo exercício da autoridade, não se tenta submeter à força nem reprimir (e sim promover), muito menos utilizando "sagrados" (vontade de Deus, espírito de fé, glória de Deus...). A repressão carrega consigo o segredo, a censura, o espiar, o fazer calar, a desconfiança, a estratégia, a limitação da expressão etc. Para o bom exercício da autoridade, é mais eficiente promover a ordem do que reprimir a desordem.

Em todas as comunidades, deveria ser normal ser, pensar e agir como diferentes. Contudo, não é fácil admitir e permitir que os outros pensem e ajam de maneira diferente da nossa.

Superamos o conceito *tradicional* de autoridade que radicava na *sacralidade das estruturas,* que, sendo percebidas como intocáveis, pediam total submissão às suas proposições. Com esse pressuposto, a autoridade alentava a fidelidade aos compromissos tomados, e a eficiência institucional procedia de uma detalhada legislação tida como expressão de santidade à medida que era assumida com maior perfeição. Dentro dessa mentalidade, tanto a autoridade como as pessoas estavam protegidas. E, ao mesmo tempo, dava-se um tipo de protetor da autoridade.

Em compensação, *hoje*, o conceito de autoridade mudou: radica na crescente importância dada à pessoa. Hoje, a autoridade privilegia a atitude responsável das pessoas, apesar do risco. As falhas e os erros ajudam o aprendizado e o enriquecimento da experiência. Pede-se às pessoas que fomentem a iniciativa e a criatividade. Partir da confiança nas pessoas permite-nos questionar e relativizar as leis. O olhar está posto no futuro.

Em resumo, hoje trata-se de:

— prevalência do "ser" sobre a "ação";

— promoção da liberdade responsável;

— confiança na pessoa, mesmo reconhecendo suas limitações e acreditando que é adaptável e perceptível;

— coragem acima da segurança; reconhece-se o valor formativo das falhas e dos erros;

— hoje não se admite mais um senso auto-suficiente da autoridade, que exige submissão sem promover a obediência consciente e colaboradora;

— há um desafeto pelo "ditado" e se diz "sim à iniciativa";

— não à evasão e à fuga dos problemas, e sim a sua discussão e a seu estudo;

— hoje, a autoridade não age mais como uma armadura que protege, coíbe e limita, mas como um poderoso farol que sinaliza vastos horizontes com enormes possibilidades.

De modo que o exercício da autoridade consistirá mais em impulsionar um clima favorável à iniciativa e à criatividade e não em um ato paterno propriamente dito. Tampouco a autoridade deverá ser um ato autárquico ou anárquico. O aspecto de comunhão que deve caracterizar qualquer comunidade religiosa é o ponto de referência capaz de evitar os excessos e as tendências em um e em outro sentido.

A "aceitação das pessoas", tarefa importante do superior

O superior, no exercício de sua missão, deve manifestar a capacidade de aceitação das pessoas de sua comunidade e criar um clima favorável a esse respeito. As pessoas devem ser aceitas porque são "pessoas" e "irmãos de comunidade", independentemente de sua utilidade, influência, capacidade ou mesmo inutilidade. Há casos de religiosos que se sentem muito aceitos e considerados enquanto exercem uma função importante, porém, ao contrário, esquecidos e desconsiderados quando não mais se precisa deles. Aceitar as pessoas está bem distante de "usar" as pessoas. Um discurso ou uma festa-homenagem não dispensam a plena aceitação fraterna das pessoas.

Não há motivo para a divergência de pensamentos ou de critérios repercutir em oposição às pessoas nem em atitudes de frieza ou de indiferença. Igualmente, certos comportamentos de alguns membros da comunidade tidos como inconvenientes ou heterodoxos não têm porquê influenciar negativamente nem deteriorar o clima de simpatia para com eles. Para Jesus Cristo, não era preciso diminuir o afeto e a aceitação das pessoas por serem pecadoras públicas: e assim repreendeu a atitude mesquinha daqueles que se julgavam "santos" ou "puros" e desprezavam os demais.

Aceitar uma pessoa não é sinônimo de aprovar ou abençoar todos os seus comportamentos. A aceitação da pessoa pode existir mesmo reprovando determinadas atitudes e comportamentos dela, e não tira a liberdade de manifestar os desacordos que logicamente possam existir. Qualquer pessoa tem direito de ser e de se sentir aceita, independentemente de suas qualidades, defeitos, méritos, simpatia, utilidade que possa oferecer. Pelo contrário, mais que aceitação propriamente dita, seria apenas "comercialização" da pessoa, que é apreciada pelo que pode oferecer de positivo e é excluída pelo que nela desagrada. A aceitação das pessoas realiza-se num clima de gratuidade e não dentro de um contexto de amor egoísta. Seja quem for, não devemos desconsiderar alguém em momento algum, por maiores que sejam os desacordos (Jesus Cristo não permitiu nunca que apedrejassem a adúltera ou os pecadores públicos, tampouco tinha qualquer malquerença para com os samaritanos). Precisamente, é nossa visceralidade e incontinência temperamental que nos faz classificar as pessoas como "boas" ou "más", apreciando as primeiras e justificando inclusive o desprezo e a desconsideração pelas segundas.

Aceitar uma pessoa é mais do que a simples atitude de "tolerância". De fato, aceita-se quando se ama e na medida em que se ama. O amor está na raiz da aceitação. Existem situações inaceitáveis que passam a ser plenamente aceitáveis a partir do momento em que nasceu e cresceu o amor. Se a caridade é o fermento do cristão, não resta a menor dúvida de que o superior deverá ter isso muito presente em sua missão de "edificar uma comunidade fraterna em Cristo".

Não poucas vezes surge a pergunta de como chegar ao exercício da "correção fraterna". E procuram-se respostas no sentido de chegar a estabelecê-lo, posto que é uma obrigação. Dificilmente se poderá "impor" a correção fraterna; é antes algo que deve "surgir" precisamente do clima de mútua aceitação das pessoas. Com a atitude de aceitação, facilita-se a correção fraterna implícita e possibilita-se a explícita, chegado o "momento oportuno", uma vez que a aceitação permite a "autocorreção" e inclusive a "auto-repreensão".

Um clima de aceitação comunitária reflete-se no equilíbrio e na serenidade das pessoas. A falta de aceitação mútua é causa de atitudes violentas de ataque, de fuga, de intimidação, de defesa etc.

O superior deverá evitar cair prisioneiro de preconceitos coletivos ou da influência de pequenos grupos em sintonia afetiva ou racional, o que tornaria difícil a aceitação de determinadas pessoas. Inclusive sua atitude saudável diante desses fenômenos favorecerá a dissipação de preconceitos coletivos ou de algumas pessoas que podem ter sua influência na comunidade. Sua melhor influência irá situar-se mais na atitude de dar opiniões do que na de ministrar verdades absolutas. Procurando um importante intercâmbio de pontos de vista, conseguirá que se desfaçam as coalisões afetivas de uns contra outros e estará mais propício à escuta de uns e de outros.

Fomentará um ambiente de reflexão comunitária, estabelecendo um clima no qual se propiciem mais as atitudes expositivas e propositivas do que as impositivas. Precisamente, o cristianismo carrega essa mesma atitude. É uma questão de saber escutar quem "fala" e quem "se cala", embora interpelando os que falam demasiado e os que se calam em excesso: por que alguns são tão loquazes e outros tão silenciosos? O tato do superior irá exigir-lhe que se torne o "carisma da oportunidade" para acertar adequadamente ao dizer e fazer as coisas.

Enfim, com o clima de mútua aceitação das pessoas, permite-se que possam ser colocadas em comum as diversas tendências e possam assim "encontrar-se" para mútuo enriquecimento e discernimento comunitários.

A "presença" do superior no exercício da autoridade

Nas páginas anteriores, constatamos que ser superior pressupõe "saber-estar-com": essa é a melhor maneira de ser "útil" à comunidade. Ou seja, essa atitude pode concretizar-se falando da "presença" do superior na comunidade (presença = *prae essentia*, isto é, "ser-para"). Trata-se de uma presença válida, sincera, animadora, isenta de qualquer paternalismo.

A presença do superior na comunidade deverá corresponder ao que santo Agostinho dizia aos seus diocesanos: "Com vocês, sou cristão; para vocês, sou bispo: cristão é o nome de minha identidade; bispo é o nome de minha profissão".[21]

Pela presença, o superior "vive com seus irmãos para afiançá-los e uni-los, assegurar-lhes a sustentação

---

[21] Santo Agostinho. *Sermão 46*, 1-2.

de uma comunhão fraterna e o apoio mais pessoal de sua colaboração, de seu conselho e de sua autoridade".[22] Por essa atitude, o acompanhado encontra luz e orientação para a sua vida.

É sobretudo por meio da presença que o superior recebe a informação mais autêntica a respeito da realidade da comunidade e torna possível que as dificuldades e os distúrbios sejam responsavelmente acolhidos e assumidos por toda a comunidade, e não somente pelo superior. E é assim, sempre que o cariz da presença do superior na comunidade não limite a espontaneidade nem a originalidade das pessoas, porque se está entre os irmãos sem ser nem seu "pai", nem seu "mestre", nem seu "juiz", mas seu *irmão* e *animador* e compartilha-se a vida normal.

A atitude de presença do superior na comunidade possibilita que tanto este como a instituição proporcionem aos irmãos não só orientação e animação em sintonia com os valores e objetivos institucionais (como o que se refere à vida espiritual, à consagração, à missão, aos votos, às virtudes, à fraternidade, ao testemunho...), mas também tudo que, em seu momento, for do interesse ou de grande necessidade de cada irmão (o que nem sempre coincide com as boas pretensões institucionais), como restabelecer o equilíbrio psíquico, a estabilidade afetiva, situar-se em uma evolução ideológica, recuperar horizontes de fé, paz sentimental etc. Em suma, pela presença, serão instruídas as situações e as necessidades das pessoas, e o superior não se li-

---

[22] Livro de Governo dos Irmãos das Escolas Cristãs, art. 140,2.

mitará a ser um fiel porta-voz do sistema e impulsor de uma fidelidade disciplinária.

O superior experimentará, não poucas vezes, indecisão e hesitação, tanto para responder a "de que maneira estar" em comunidade quanto a "o que fazer" nela. E não há receita capaz de responder a essas perguntas, posto que cada um deverá saber encontrar as respostas adequadas a partir de sua própria realidade. Ser superior depende mais de uma "filosofia" do que de um "formulário" propriamente dito. Tudo o que possa contribuir para incrementar o bom inter-relacionamento, sendo com sinceridade e autenticidade, será certamente bastante válido para facilitar a animação da pessoa a partir de sua própria situação.

O superior, como acompanhante, não é tanto "quem marca o passo" (uma vez que poderia parecer que está impondo seu passo aos outros, impedindo-lhes o passo próprio), mas "aquele que está presente no passo de cada um" da comunidade, fazendo-o refletir a respeito do ritmo do seu passo e de sua coerência com os objetivos vocacionais aos quais consagrou a sua vida. Porque não é o superior que faz os santos, e sim a pessoa que possibilita que cada qual possa aspirar à santidade, partindo de sua própria originalidade.

É mais importante "saber-ser" superior do que "saber-fazer-se" superior; como também é mais eficiente "ser acompanhante" do que "possuir técnicas de acompanhamento". A maneira de ser e de estar do superior na comunidade facilita ou dificulta, conforme o caso, o acompanhamento e suscita a atitude colaboradora do religioso.

E não resta a menor dúvida de que é difícil saber encontrar a distância certa que deve ser mantida com as pessoas, uma vez que ela aparece como uma espécie de movimento vibratório, de equilíbrio instável e de incerteza permanente. Cabe fazer um discernimento sobre a proximidade ou distância que devem ser mantidas na modalidade de presença. É importante conseguir determinar a presença válida, própria de um "saber-situar-se-adequadamente":

— se *perto demais*, corre-se o risco de sufocar as pessoas, apesar da inegável boa vontade e ser causa de rejeição;

— se *demasiado longe*, pode dar a impressão de abandono e esquecimento, que os irmãos da comunidade poderiam entender como falta de ajuda e sentir-se perdidos num clima de anarquia insatisfatório;

— se *acima da comunidade*, poderia ser interpretado como uma atitude de autoritarismo e paternalismo que, logicamente, em personalidades bem dotadas, ocasionaria atitudes agressivas, bloqueando a necessária influência do acompanhante para um mínimo de orientação;

— se *na comunidade*, pode acarretar um risco de horizontalização, que pode privar o superior da necessária e desejável influência para conseguir um mínimo de observância.

Porém, a situação do "superior na comunidade", a meu ver, é a melhor solução para incrementar atitudes de fraternidade, de comunhão e de mútua aproximação. Com essa atitude, morre uma *autoridade de governo* e ressuscita uma *autoridade de influência*. Não mais se age a partir do "saber", e sim do "permitir ser".

A respeito das atitudes do superior na comunidade

É importante que o superior procure analisar e discernir as próprias atitudes com relação à comunidade, precisamente a partir das reações que percebe. Ter toda a razão no conteúdo de nossas intenções não significa que acertaremos na maneira de dizê-lo e no momento oportuno. Não é suficiente que as atitudes sejam admiráveis, com postulados justos; é imprescindível que, além disso, sejam "oportunas".

Mesmo as "boas intenções" e os "santos desejos" podem prejudicar o bom desenvolvimento da função do superior. Em uma máquina, não bastam as peças que a compõem serem todas muito valiosas, mas é imprescindível estarem adequadamente colocadas.

De acordo com Carl Rogers, no âmbito do *relacionamento interpessoal*, dão-se com espontaneidade, entre outros, dois tipos de atitudes:

— Atitude de *avaliação*, por meio da qual são utilizadas, no relacionamento com o outro, expressões como "está bem", "está mal", "impossível", "é uma aberração"... Isto é, afirma-se dogmaticamente, a partir de uma posição de saber e de poder moral, situados acima dos outros, com afirmações semelhantes a verdades absolutas. Assumem-se posições de "pai", "mestre", "juiz", que suscitam repressão, agressão, necessidade de justificar. É uma posição "a-simétrica" com relação ao outro, com uma sensação de inferioridade daquele que assim está sendo tratado e julgado.

— Atitude de *compreensão*, pela qual se manifesta a capacidade de colocar-se no lugar do outro e captar as necessidades e problemas do outro como próprios. Trata-se de uma atitude *simétrica*, de um relacionamento "eu-você". Nessa atitude, cada pessoa sente-se livre, valorizada, aceita em sua própria originalidade. É uma atitude terapêutica por si só.

Do mesmo modo, com referência ao relacionamento "superior-comunidade", podem surgir diversas atitudes, como:

— *Paterfamilias*, pela qual o superior, revestido da autoridade ou do poder oficialmente concedido, age como se "soubesse tudo o que é bom ou convém impor à comunidade". Submete a comunidade a uma atitude de inferioridade e de dependência; esse superior pensa "por e no lugar" dos outros, aos quais cabe aceitar como inquestionável tudo quanto foi pensado para o seu bem. Sua fórmula é: "Eu sei o que é bom para você".

— "Desordenada ou anárquica", pela qual se pretende partir totalmente do outro, de maneira unilateral, ignorando os próprios pontos de vista e passando por cima das exigências da responsabilidade de cada caso; justifica-se alegando que os outros são livres e suficientemente responsáveis.

— "Desejável ou de animação" consiste na atitude que estimula a pensar e refletir, oferecendo à comunidade algumas possibilidades como ponto de partida para que possam encontrar, em conjunto, a melhor maneira de conseguir os objetivos pretendidos.

A "presença" vem a ser o espaço libertador que impulsiona o seguimento de Jesus Cristo em coerência com os compromissos tomados. Por isso, a presença é verdadeiramente um meio adequado de acompanhamento, uma vez que é sempre verdade que crescemos com os outros e à medida que os outros nos possibilitam e facilitam fazê-lo.

Conclusão

Embora a animação da comunidade seja realizada pelo superior a partir da própria comunidade, nem por isso têm menos importância a pessoa e a função do superior. A ele cabe suscitar o senso de solidariedade, de co-responsabilidade e de subsidiaridade em todos os membros da comunidade, impulsionando a vivência dos objetivos da vida religiosa e da autenticidade do carisma do fundador.

Por sua *autoridade de influência* dentro de uma adequada modalidade de *presença*, o superior propicia o desenvolvimento da vocação pessoal, comunitária e eclesial de seus irmãos. Por seu sentido de *gratuidade e de "in-utilidade"*, o superior vem a ser, sem que ele perceba, causa de crescimento e de potencialização das pessoas, tanto no campo antropológico como no teologal e espiritual. Um bom superior é aquela pessoa ao lado de quem se cresce e se possibilita o desenvolvimento da vocação.

O fato de ter chegado a assumir a missão de superior como "primeiro animador da comunidade" repercutirá em benefício de um clima de amor entre as pessoas e de respeito às respectivas originalidades e ritmos pessoais, que se *encontram* ao coincidir nos *objetivos vocacionais* que os *unem e reúnem*.

É imprescindível que haja uma simbiose entre o superior e a comunidade; ao superior, não interessa apenas o bom funcionamento da comunidade, mas que as pessoas encontrem nela o clima adequado para o seu desenvolvimento.

A função do superior deve realizar-se com a colaboração de toda a comunidade, uma vez que a função de animação comunitária pertence a toda a comunidade. O superior exerce sua autoridade de influência por meio de sua presença e, com isso, torna-se um símbolo dos objetivos que dão sentido e razão de existir à comunidade.

O superior, por estar situado em sua comunidade, situa-se também no contexto da Igreja e do mundo, de acordo com o carisma congregacional que deve norteá-lo. Dessa maneira, purificam-se, a um só tempo, os interesses pessoais e os interesses institucionais, produzindo-se uma enriquecedora simbiose.

A presença e a ação do superior na comunidade devem constituir o espaço libertador que impulsiona o seguimento de Jesus Cristo, que é a norma suprema do religioso.

Conscientes de que, "para ensinar latim ao João, antes de tudo, é preciso conhecer o João", o superior deverá prestar a máxima atenção à idiossincrasia da comunidade, que constituirá seu ponto de partida na função animadora dessa última. Sua sensibilidade, seu senso de discrição, sua capacidade de oportunidade tornarão progressivamente possíveis os meios de direção e animação comunitária. É uma questão de "tato", de ir interessando a comunidade na colaboração e na co-responsabilidade para, assim, pôr em prática os meios de animação comunitária.

Capítulo VII

O ACOMPANHAMENTO COMUNITÁRIO

Ponto de partida: a realidade humana em suas várias etapas

É uma exigência antropológica e um fato comprovado pela experiência cotidiana que "não é bom que o homem esteja só" (Gn 2,18). Qualquer pessoa humana necessita estar e sentir-se acompanhada ao longo de sua existência, desde o nascimento até a morte, e talvez mais ainda quando se trata de uma pessoa que escolheu o gênero de vida do seguimento de Cristo, que, por sua estrutura intrínseca, pode sentir-se mergulhada numa solidão afetiva e relacional.

A natureza do ser humano é essencialmente social; foi feita para viver com os demais numa interdependência afetiva. A pessoa necessita da afetividade (*ad fectus* = relação para). É um fato que nossa vida depende do olhar e do gesto dos demais, sejam eles positivos ou negativos. Viver sem essa afetividade, ou seja, sem essa "relação para", é entrar num processo de degradação pessoal.

Por isso, a pessoa humana precisa de acompanhamento ao longo de toda a sua existência. O homem constrói-se com os outros e também se destrói quando não encontra um equilíbrio na vida com os outros. É mais freqüente, quando falamos de acompanhamento, referirmo-nos aos religiosos jovens, mas o que dizer da necessidade de acompanhamento nas diferentes etapas da vida? Certamente, cada fase da vida necessita de um tipo de acompanhamento peculiar.

Cada pessoa precisa do "apoio" dos demais, porque necessita do seu afeto e porque viver sozinho é viver marginalizado e empobrecido. A atitude e o olhar dos outros precisamente nos fazem viver, e sua ausência causa-nos um "mal viver", e até mesmo nos faz experimentar um processo de tédio existencial e de autêntico processo de abandono.

A normal aproximação com outras pessoas nos torna saudáveis, e o seu distanciamento ou ausência cria um vazio tão grande, que, não poucas vezes, serve de ninho para germes nocivos, tanto para a integridade física como psicológica e moral das pessoas.

As pessoas necessitam de acompanhamento mesmo após o processo de formação inicial ou básica, já que o devir delas está sujeito aos processos, crises, evoluções ideológicas, questionamentos de fé, novas exigências sentimentais, uma certa intempérie por situações de insatisfação pastoral, dificuldades de convivência no interior da fraternidade institucional etc. De maneira que a fase adulta também precisa de seu respectivo acompanhamento.

O acompanhamento, mais que um trabalho, é uma atitude pela qual se presta atenção ao outro, se está com ele. É mais uma presença moral e animadora, com uma atitude de disponibilidade e de oferecimento, do que uma exigência ou imposição.

O homem, durante sua vida, passa por diferentes etapas; cada uma delas necessita de um acompanhamento próprio. João Paulo II, na *Vita consecrata*, fala das diversas etapas da vida do religioso e das situações próprias de cada uma delas:

- *Na fase da formação inicial*, por ser uma etapa de intensa informação, é por si só crítica, uma vez que recebe inúmeros elementos que lhe facilitam sê-lo; é uma fase idealista, cheia de expectativas, de abrir-se às perspectivas entusiastas na vida e, portanto, criativa.[1] É também a etapa de plena inserção no ministério e de tomada de primeiras responsabilidades. Sua própria generosidade apostólica leva-a a incorrer no ativismo facilmente. E, não há dúvida, começa a experimentar dificuldades nas áreas afetiva e sexual. Nessa etapa, que se caracteriza pela abertura à novidade, é importante que a pessoa tenha um acompanhamento adequado.

- Na etapa seguinte, da *meia-idade, até os quarenta anos*, já se têm responsabilidades e lideran-

---

[1] "Na vida consagrada, *os primeiros anos da inserção plena na atividade apostólica* representam uma fase crítica por natureza, porque marcada pela passagem de uma vida guiada a uma situação de *plena responsabilidade operante*. Será importante que as pessoas recém-consagradas sejam sustentadas e acompanhadas por um irmão ou uma irmã que as ajude a viver plenamente a juventude do seu amor e do seu entusiasmo por Cristo" (VC 70).

ças e, como os resultados nem sempre correspondem às aspirações e aos desejos da pessoa, nem às energias de generosidade investidas, podem ocorrer decepções e desencantos com repercussões afetivas, sentimentais, de fé e ideológicas e com o risco de fechar-se na rotina; o acompanhamento nessa fase dará novas motivações e impulsos a essas pessoas. Conforme João Paulo II, "é a fase da procura do essencial".[2]

- Na fase denominada *idade madura, até os cinqüenta e cinco anos, aproximadamente*, caracterizada também pela tomada de responsabilidades e lideranças, aparecem novas experiências afetivas, dúvidas de fé; corre-se o risco de experimentar dificuldades em sintonizar-se com a evolução dos tempos e, com isso, a tentação de mediocridade e de isolar-se no individualismo, fenômenos de endurecimento, insensibilidade e relaxamento. Por isso, a formação permanente tem aqui a máxima importância, tanto no que diz respeito ao seu reequilíbrio pessoal como a uma recuperação espiritual.[3]

---

[2] Para essa etapa da vida, a *Vita consecrata* expressa-se da seguinte maneira: "A fase sucessiva pode apresentar o *risco do hábito* e a conseqüente tentação da desilusão pela escassez dos resultados. Nesse caso, é necessário ajudar as pessoas consagradas de *meia-idade* a reverem, à luz do Evangelho e da inspiração carismática, a sua opção originária sem confundir a totalidade da dedicação com a totalidade do resultado. Isso permitirá dar renovado impulso e novas motivações à própria escolha. É a estação da busca do essencial".

[3] "A *fase da idade madura*, contemporânea ao crescimento pessoal, pode comportar *o perigo de um certo individualismo*, acompanhado quer pelo temor de já

O ACOMPANHAMENTO COMUNITÁRIO

Precisamente nessa fase aconselha-se "o 'terceiro ano', algumas vezes também chamado 'segundo noviciado' ou 'segunda provação' etc. É de desejar que esse tempo seja passado em uma comunidade do Instituto".[4]

- Na idade avançada, *a partir dos cinqüenta e cinco anos até a aposentadoria*, apresentam-se novos problemas: a percepção de envelhecimento (há mais "ontem" do que "amanhã"), o afastamento progressivo das atividades normais, um certo deslocamento institucional, indisposições, desgaste físico, rotina de comportamentos, olhares freqüentes ao passado, diminuição dos relacionamentos afetivos, perda dos reflexos, redução das áreas de interesse, perda de memória etc. É uma nova fase na vida e uma nova maneira de viver a consagração.[5]

---

não estar adaptado aos tempos, quer por fenômenos de endurecimento, insensibilidade ou relaxamento. Aqui a formação permanente tem a finalidade de ajudar não só a recuperar um grau mais alto de vida espiritual e apostólica, mas ainda a descobrir a peculiaridade desta fase da existência. De fato, uma vez purificados nela alguns aspectos da personalidade, a oferta de si mesmo sobe a Deus com maior pureza e generosidade, refluindo depois sobre os irmãos e irmãs mais serena e discreta, mas também mais transparente e rica de graças. É o dom e a experiência da paternidade e maternidade espiritual" (VC 70).

[4] CONGREGAÇÃO PARA OS INSTITUTOS DE VIDA CONSAGRADA E AS SOCIEDADES DE VIDA APOSTÓLICA. *Orientações sobre a formação nos Institutos religiosos* (1990) 70.

[5] *"A idade avançada* coloca novos problemas, que devem ser previamente enfrentados com um ponderado programa de apoio espiritual. O afastamento progressivo da atividade e, em alguns casos, a doença e a forçada inatividade constituem uma experiência que se pode tornar altamente formativa. Momento este muitas vezes doloroso, oferece, no entanto, à pessoa consagrada idosa a oportunidade de se deixar plasmar pela experiência pascal, configurando-se com Cristo crucificado que cumpre em tudo a vontade do Pai e se abandona em suas mãos até lhe entregar o Espírito. Essa configuração é um modo novo de viver a

- *A última fase da vida*, caracterizada pela ausência de responsabilidades e pelo amplo uso do tempo livre a critério pessoal. É uma fase de achaques, de limitações físicas. É a fase de coroar a vida com o testemunho da perseverança na vocação. "A atenção carinhosa que merecem (as pessoas idosas ou doentes) não resulta só de um preciso dever de caridade e gratidão, mas é também expressão da consciência de que o seu testemunho é de grande proveito para a Igreja e para os Institutos e de que a sua missão permanece válida e meritória, mesmo quando, por motivos de idade ou de enfermidade, tiveram de abandonar a sua atividade específica. *Elas têm certamente muito que dar* em sabedoria e experiência à comunidade, se esta souber estar a seu lado com atenção e capacidade de escuta (...). Muitos são, por isso, os modos pelos quais os idosos são chamados a viver a sua vocação: a oração assídua, a paciente aceitação da própria condição, a disponibilidade para o serviço de diretor espiritual, de confessor, de guia na oração."[6]

Em qualquer uma das diferentes fases da existência, costumam surgir momentos de "fortes crises, que podem sobrevir em qualquer idade, sob a influência de fatores externos (mudanças de posto ou de trabalho,

---

consagração, que não está ligada à eficiência de uma tarefa de governo ou de um trabalho apostólico" (VC 70).

[6] VC 44; cf. VFC 68.

O ACOMPANHAMENTO COMUNITÁRIO

insucesso, incompreensão, sentimento de marginalização etc.) ou de fatores mais diretamente pessoais (doença física ou psíquica, aridez espiritual, fortes tentações, crises de fé ou afetivas, ou as duas ao mesmo tempo etc.). Nessas circunstâncias, deve-se ajudar o religioso a superar positivamente a crise na fé".[7]

O acompanhamento, tarefa de toda a comunidade

Por si só, a comunidade é "lugar e meio de acompanhamento"; por seu dinamismo normal, já é uma escola de acompanhamento. Por suas funções de mãe acolhedora — de proteção, de respaldo da própria segurança etc. —, específicas do grupo, todas as pessoas experimentam a necessidade de pertencer a ele para não se sentirem marginalizadas, isoladas ou abandonadas. E, assim, podemos afirmar que a vida procede do grupo (comunidade, nesse caso), no qual se "nasce" e "re-nasce" constantemente. "A comunidade religiosa, pelo fato de ser uma *schola amoris* (escola de amor), que ajuda a crescer no amor para com Deus e para com os irmãos, torna-se também lugar de crescimento humano" (VFC 35).

A técnica de animar uma dinâmica no grupo deve pretender, ao mesmo tempo, a identidade do grupo e a identidade das pessoas; ou seja, que a identidade do grupo não contamine a identidade das pessoas, e que a

---

[7] CONGREGAÇÃO PARA OS INSTITUTOS DE VIDA CONSAGRADA E AS SOCIEDADES DE VIDA APOSTÓLICA. *Orientações sobre a formação nos Institutos religiosos* (1990) 70.

identidade e autonomia das pessoas não dilua a coesão do grupo. O mesmo pode ser dito quanto a se assumir os múltiplos fenômenos que são produzidos em qualquer grupo. Por isso, a comunidade constitui, por si só, um importante meio de acompanhamento espiritual.

Sem cair na presunção de pertencer a um grupo comunitário, deve-se prestar atenção para aprender a viver como pessoa "no" grupo, "do" grupo e "para" o grupo.

Podem ser empregados vários métodos de reflexão, de acordo com as funções de qualquer grupo:

- Com relação à função de "integração", vendo até que ponto o grupo integra as pessoas que o compõem em sintonia com seus próprios objetivos; dessa maneira, pode tomar consciência das pessoas menos integradas, tanto para "facilitar que elas possam integrar-se" como para "que o grupo ofereça verdadeiras possibilidades de integração". Uma pessoa marginalizada, distanciada, amargurada, difícil... longe de ser uma justificação para a comunidade e uma acusação para essa pessoa, deve ser objeto de interpelação comunitária.

- Sobre a função de "ajustamento de relações interpessoais", o grupo as propicia e as consolida precisamente como resultante de tensões que fazem refletir e ajudam a chegar às soluções para o melhoramento, em consonância com os objetivos do grupo e com os princípios evangélicos. A comunidade deve saber tirar proveito dos conflitos e tensões normais de qualquer grupo humano. Cresce-se graças ao conflito superado e por ele.

- E a respeito da função de "ajustamento das relações intrapessoais", o grupo favorece-as, uma vez que a pessoa se sente muitas vezes *remetida a si mesma* e obrigada a refletir em sua intimidade sobre o seu eu profundo, o que a ajuda a descobrir a si mesma, libertar-se de suas mazelas e, desse modo, criar maiores possibilidades para se abrir aos demais.

Da mesma forma, facilmente podem ser inventadas técnicas e métodos com vistas a aprender a vivenciar o "isolamento" e a "solidariedade". Nem um isolamento em detrimento da comunidade, nem uma solidariedade que incapacite o silêncio, a reflexão e o isolamento. A própria estruturação da vida comunitária, considerando-se a harmonia entre os dois aspectos de isolamento e solidariedade, constitui por si só um excelente método de acompanhamento vocacional. A pessoa humana precisa viver a um só tempo sua vida pessoal e sua projeção para os demais. A falta de uma dessas dimensões repercute em sua integridade pessoal.

Captar a trama interna do grupo implica para a pessoa um conjunto de inter-relacionamentos que facilitam seu conhecimento e melhoramento; permite viver a partir de si, o que não é o mesmo que viver para si. Viver a partir de si é a melhor forma de viver para os outros.

A própria atitude de sossego e de simplicidade despertada no grupo vem a ser, por si só, uma técnica de introspecção pessoal que permite que cada um reflita sobre suas próprias atitudes no interior do grupo, estabelecendo-se um diálogo silencioso. Em compensação, as atitudes agressivas, carregadas de afetividade negativa, suscitam a polêmica pela qual as pessoas vivem fechadas para si mesmas e para os demais.

A construção da comunidade a partir da própria comunidade

Só o fato de precisar construir a comunidade entre todos já é um exercício tácito e bastante prático de acompanhamento mútuo. Somos todos acompanhantes e acompanhados. A identidade pessoal, com alguns objetivos vocacionais, é o ponto de partida para a construção do grupo, de maneira que a identidade do grupo dependerá da identidade das pessoas.

Em uma comunidade verdadeiramente fraterna, cada um se sente co-responsável pela fidelidade do outro; todos contribuem para que se crie um clima sereno de comunicação de vida, de compreensão e de ajuda mútuas; cada um está atento aos momentos de cansaço, de sofrimento, de solidão e de desmotivação do irmão e pronto para oferecer o seu apoio a quem se sente afligido pelas dificuldades e provações.

Da mesma forma que Sócrates não ensinava, e sim facilitava o aprendizado, a maneira peculiar de construir a comunidade partindo das pessoas faz que o grupo descubra sua própria identidade de acordo com o carisma que o antecede e que foi ponto de partida da comunidade.

Com esse pressuposto, entra-se numa fase heurística, colocando em comum todas as faculdades de iniciativa e de criatividade. Realiza-se uma exposição da riqueza de cada pessoa, uma interpelação dos próprios pensamentos e, sobretudo, uma comunhão de iniciativas pela qual cada um modifica suas próprias posições graças à colaboração dos demais. É o fluxo-refluxo "eu-você" que reverte no "nós".[8]

No processo de construção da comunidade, aparecem diferentes tipos de pessoas: as que procuram um bom resultado imediato, as que desejam soluções rápidas, as lerdas na reflexão, as observadoras, as conciliadoras, as reticentes a tudo quanto se diga, as agressivas, as que têm o dom de meter a "colher" no que os outros realizaram, assim como as que insistem em recomeçar a reflexão quando já está quase se chegando a um bom termo com uma solução iminente. Finalmente, as que intervêm de preferência positivamente e as que o fazem de preferência negativamente.

De um lado, cada qual aprende a tomar consciência de sua situação dentro da comunidade e, de outro

---

[8] "A comunidade religiosa é o lugar onde se dá a cotidiana e paciente passagem do 'eu' ao 'nós', de 'meu' empenho ao empenho confiado à comunidade, da busca de 'minhas coisas' à busca das 'coisas de Cristo'. A comunidade religiosa torna-se, então, o lugar onde se aprende cotidianamente a assumir a mentalidade renovada que permite viver a comunhão fraterna por meio da riqueza dos diversos dons e, ao mesmo tempo, impele esses dons a convergirem para a fraternidade e para a co-responsabilidade em seu projeto apostólico" (VFC 39).

e principalmente, cada qual aprende a conviver com pessoas diferentes. É importante saber passar do interesse em converter os outros para a atitude de respeitar a diferença dos outros e aprender a conviver com eles. Enquanto a primeira atitude bloqueia, a segunda une e permite às pessoas que mudem e melhorem.

Pela técnica de construir a comunidade a partir de si mesmo, propiciam-se a autocrítica e o senso de responsabilidade no falar; desaparece o hiato entre os que mandam e os que obedecem, entre superiores e irmãos, e todos experimentam dificuldades no momento de chegar a acordos comuns, precisamente pela existência do pluralismo de opiniões.

Como se pode verificar, todo o mecanismo e dinamismo de construção da comunidade, com suas tensões, seus conflitos e êxitos, é um exercício de mútuo acompanhamento. Por meio dessa realidade, as pessoas prestam atenção umas nas outras e aprendem umas com as outras, sentem-se impelidas a sair de si mesmas, a abrir-se aos pontos de vista das demais e a se comunicar, apesar das dificuldades. A comunicação é um meio importante de crescimento. "Na renovação destes anos, a comunicação aparece como um dos fatores que adquirem crescente importância para a vida da comunidade religiosa. A mais sentida exigência de incentivar a vida fraterna de uma comunidade traz consigo a correspondente demanda de uma mais ampla e mais intensa comunicação. Para se tornar irmãos e irmãs, é necessário conhecer-se. Para conhecer-se, é imprescindível comunicar-se de forma mais ampla e profunda. Dá-se hoje maior atenção aos vários aspectos da comunicação, ainda que em medida e em forma diversa nos vários institutos e nas várias regiões do mundo" (VFC 29).

Assumir o cotidiano ou rotina da vida

A rotina da vida constitui uma boa base para uma técnica muito eficiente de acompanhamento comunitário. Inclusive como sedimento do ideal e da paixão vocacional.

A cotidianidade da vida permite prestar mais atenção às pessoas do que ao clima extraordinário que algumas vezes se reclama e se sonha como ideal da vida consagrada. Pressupõe, portanto, a autêntica comunhão interpessoal do que se vivencia, agradável ou desagradável.

É importante conseguir ser capaz de viver o que "compete viver" e de compartilhar "aquilo que se tem e se vive". Não se trata de criar um clima fictício para ser compartilhado de maneira seletiva e exigente.

Compartilhando a rotina da vida, aumenta o coeficiente de compreensão interpessoal e de mútua aproximação. Quer dizer, o fato de que todos participem nos serviços fraternos contribui para que se sintam unidos em uma mesma realidade e que cada um proporcione vida aos outros por meio da colaboração comunitária. A participação dessa realidade rotineira aumenta a sensação agradável de pertencer ao grupo.

A dinâmica dos encontros informais, mais espontâneos do que provocados, constitui por si só uma interpelação às pessoas, em virtude de a convivência no cotidiano constituir-se em espelho para a conduta pessoal.

Inconscientemente, o homem prefere o "espetacular", isto é, as experiências do Tabor; porém, precisamente esse aspecto aliena-o em não poucas circunstâncias. Em compensação, o "especular" próprio da realidade cotidiana remete-o a si mesmo. Essas atitudes, "espetacular" e "especular", podem dar origem a algumas técnicas de análise.

A rotina da vida nos confina mais no nível do questionador do que no das soluções. Nem todos chegam ao mesmo coeficiente de interpelação. Do acerto das técnicas utilizadas, dependerá o suscitar desse processo questionador que faz entrar em si mesmo, para depois se projetar mais adequadamente nos demais.

O mistério da pessoa humana

Não somos todos iguais e tampouco reagimos todos da mesma forma. Sermos diferentes é a primeira verdade que devemos ter presente no convívio com as pessoas. De acordo com Martin Buber, "neste mundo, cada pessoa representa algo novo, algo que não existiu jamais, algo único e original; é um dever de cada um saber que nunca existiu no mundo alguém semelhante a ele (...), porque, se houvesse existido alguém parecido com ele, já não seria necessária sua presença; cada homem no mundo é algo novo e está chamado a realizar a sua peculiaridade".

Existe uma dupla realidade: todos coincidimos nos princípios e nos objetivos e todos diferimos em nossa realidade pessoal, na visão da realidade. Todos queremos a verdade, mas não coincidimos em seus postulados, porque cada pessoa tem o seu universo. Todos queremos a fraternidade e não poucas vezes experimentamos a rivalidade. Até mesmo as boas intenções e as próprias convicções religiosas, que defendemos como evangélicas, conduzem-nos à rivalidade, sem que seja essa a nossa intenção.

Todos acreditamos que a comunidade é um dom de Deus e que ela é um lugar onde somos plenamente irmãos, uma vez que é o lugar de encontro com Deus e no qual Cristo nos preside na medida de nossa união mútua; a comunidade é o lugar onde crescemos e amadurecemos como pessoas pela comunicação mútua; é a escola de amor que nos equilibra psicologicamente e normaliza nossa afetividade, nos faz encontrar o outro e a nós; é um lugar de formação permanente e de conversão contínua; é uma comunidade de pessoas que querem pôr em prática a condição de discípulos pelo sinal do mandamento novo do amor; é sinal eloqüente da comunhão eclesial; é um espaço teologal no qual se pode experimentar a presença mística do Senhor ressuscitado (cf. VC 42); reflete a profundidade e a riqueza do mistério da Trindade (cf. VC 41); a comunidade é lugar e sujeito da missão, uma vez que, ao gerar comunhão, configura-se como comunhão missionária (VFC 58-59), pois a comunhão é missionária e a missão é comunitária (cf. ChL 32) etc.

Entretanto, existe outra realidade: essas pessoas religiosas com ideais tão sublimes e tão generosamente ambicionados são pessoas humanas, cujos crescimento e amadurecimento se realizam com não poucas mazelas e, por mais que digamos que a vida, por si só, pode ser eminentemente terapêutica, no entanto, a realidade é outra. O adulto é uma pessoa em processo de estabilização afetiva e de amadurecimento, passando por momentos de instabilidade. Os desequilíbrios que experimentamos fazem parte de nossa razão de ser e de existir. Do mesmo modo, em nossas comunidades, convivemos com pessoas portadoras de certas patologias que tornam a vida comunitária difícil, algumas vezes até mesmo impossível. No documento *Vida fraterna em comunidade* 38, fala-se de pessoas *inadaptadas*, pessoas que sofrem e fazem sofrer por deficiência de caráter, por feridas psicológicas, físicas ou morais pelas quais tiveram de passar, por lacunas na formação, por ressentimentos ou amarguras crônicas, por desorientação devida à rapidez das transformações dos últimos tempos, por insucessos ou incompreensões no exercício do ministério, por feridas sofridas por causa de formas de governo autoritárias ou não compreendidas, por distúrbios psicológicos etc. São situações que precisam reclamar nossa fraterna atenção para dar a nossos irmãos o remédio e a solução possíveis. De modo que essas situações, longe de ser causa de bloqueio e destruição comunitária, serão motivo de maior estímulo para a construção da fraternidade comunitária, uma vez que somos comunidade de pessoas que querem pôr em prática a condição de discípulos pelo sinal do mandamento novo do amor.

Também no número 65 do mesmo documento, fala-se dos religiosos que vivem sozinhos: alguns com toda a benevolência dos superiores, em virtude de al-

O ACOMPANHAMENTO COMUNITÁRIO

guma missão que lhes tenha sido encomendada ou por razões familiares durante um período de tempo etc. Outros, porém, porque insistiram em viver sozinhos. Por isso, irá dizer-se: "O religioso 'sozinho' não é nunca um ideal. A regra é o religioso inserido numa comunidade fraterna: nessa vida comum a pessoa se consagrou e nesse gênero de vida normalmente desenvolve seu apostolado" (VFC 65).

"Numa comunidade verdadeiramente fraterna, cada um se sente co-responsável pela fidelidade do outro; cada um dá seu contributo para um clima sereno de partilha de vida, de compreensão, de ajuda mútua; cada um está atento aos momentos de cansaço, de sofrimento, de isolamento, de desmotivação do irmão; cada um oferece seu apoio a quem está aflito pelas dificuldades e pelas provações" (VFC 57).

Portanto, nunca será demais insistir na importância de um bom clima fraterno na comunidade. É amplamente reconhecido que as dificuldades de viver a vocação e as causas de ruptura vocacional procedem freqüentemente da deterioração do clima afetivo na comunidade: "A qualidade da vida fraterna também incide poderosamente na perseverança de cada religioso. Assim como uma baixa qualidade de vida fraterna foi referida freqüentemente como motivo de não poucos abandonos, também a fraternidade vivida autenticamente constituiu e prossegue constituindo ainda um valioso apoio para a perseverança de muitos".[9]

---

[9] VFC 57. "Não esqueçam, também, principalmente os superiores, que a castidade se observa com mais segurança quando entre os irmãos reina a verdadeira caridade na vida comum." (PC 12).

O superior em sua missão de "acompanhante"

O superior tem uma especial função e responsabilidade no acompanhamento pessoal e comunitário. Deve fazer que a própria dinâmica comunitária seja já um meio natural de acompanhamento e de formação permanente dos religiosos.

Pelo acompanhamento, o superior não somente está atento ao trabalho que seus irmãos realizam, mas principalmente ao que se refere à sua pessoa em relação ao seu caráter humano, afetivo, relacional e espiritual; e em nenhum caso isso poderá supor interferência ou desrespeito à sua intimidade pessoal.

O superior hoje deve ir além da atitude que se restrinja à observância e ao bom cumprimento dos deveres religiosos; sobretudo, deve-se abrir para possibilitar que seus irmãos estejam atentos e interessados em viver as exigências evangélicas das bem-aventuranças e o gozo do Senhor.

Não poucas vezes o superior experimentará, em sua tentativa de acompanhamento, uma certa e real impossibilidade de exercer sua função de animador da comunidade. Nesse momento, deverá ter presente que o tentar "ser" superior, conforme as atitudes aqui expostas, é mais importante que o "fazer-se" superior, procurando "conseguir" resultados disciplinares ou outros que parecem gratificar a função de superior. Sem dúvida, é mais efetiva a atitude "ser" superior (raciocinando, motivando, questionando, influindo...) do que o "fazer-se" de superior (mandando, obrigando, conseguindo...). O que o superior "é" tem maior incidência na comunidade do que aquilo que "faz", uma vez que o autêntico superior da comunidade é o Espírito Santo, a quem o superior deve possibilitar a maior margem de ação possível. E, assim, para o superior, é melhor "saber-estar-com" a comunidade do que o "saber-fazer-para" a comunidade.

Portanto, "ser acompanhante" pede capacidade de acompanhar, ou seja, "saber-estar-com-o-outro-sem-impedi-lo-de-ser-ele-mesmo".

Uma imagem teológica do superior como acompanhante

Não é nada fácil precisar o conteúdo e a modalidade do exercício da "animação comunitária"; porém, poderemos encontrar um relato que nos sirva de referência prática com o fim de ir descobrindo progressivamente a forma de realizar esse acompanhamento na missão de superior. Isso está sugerido no livro de Tobias, nos capítulos 4 a 7.

Tobit (pai) manda seu filho Tobias para um país distante numa "missão" de dinheiro e, para isso, procura um "acompanhante" (Rafael) para ele. Tobit mostra-se muito interessado pela incumbência em questão, razão pela qual procura um "guia" para o filho Tobias; ao "acompanhante" Rafael parece interessar mais a pessoa do "acompanhado" Tobias do que a incumbência propriamente dita.

Há diversidade de acontecimentos durante a longa e arriscada viagem: a *orientação* é de Rafael; porém, a *ação* é de Tobias.

Graças à atitude do acompanhante Rafael, Tobias defende-se do peixe e tira proveito do fígado, do coração e do fel: contrai matrimônio com Sara, apesar do risco que isso pressupunha, uma vez que os sete maridos que ela tivera haviam falecido todos na própria noite de núpcias.

Produzem-se muitas bênçãos do Senhor suscitadas precisamente por Rafael. Ou seja, que, graças à ação do acompanhante Rafael, Tobias faz o caminho mandado, cumpre a incumbência recomendada e, além disso, realiza o "caminho de sua vida".

Finalmente, o acompanhante desaparece desinteressadamente, apesar do contrato de dinheiro previamente acertado por seu trabalho.

Quer dizer, o superior interessa-se não somente pela efetividade do trabalho de seus irmãos, mas, principalmente, pelo fato de cada pessoa conseguir realizar o caminho de sua vida. Certamente, os religiosos têm algumas tarefas a realizar na vida comunitária e na missão que os caracteriza; entretanto, ao mesmo tempo e principalmente, têm o "caminho de sua vida" para seguir e para preencher. O superior, portanto, vem a ser o "acompanhante" que, partindo de uma atitude de total respeito pelas pessoas, facilita o seu desenvolvimento e o exercício de sua missão.

Algumas maneiras simples de análise e de acompanhamento comunitário

Uma coisa é procurar uma sessão de dinâmica de grupo por opção própria e outra bem diferente é organizar uma sessão de dinâmica de grupo na própria comunidade, sem que esta esteja motivada para isso. O mesmo pode-se dizer das técnicas excessivamente provocadoras do inconsciente da pessoa. É normal que uma imposição nesse sentido provoque rejeição e seja contraproducente. Boa é a luz, mas, em excesso, causa cegueira; boa é a lucidez, mas, algumas vezes, produz efeitos inesperados.

O sucesso dessas técnicas pode depender da técnica em si e também de quem a dirige. As técnicas de dinâmica de grupo são válidas, sobretudo, quando não são impostas e as pessoas praticam-nas por opção pessoal; por exemplo, se o grupo inteiro decide chamar um especialista em determinada questão; ou então, algumas pessoas do grupo se inscrevem numa sessão em que encontrarão outras pessoas praticando os mesmos exercícios, com o mesmo fim.

Essas técnicas são mais destinadas a um maior conhecimento pessoal do que ao bom funcionamento do grupo, pois fazem surgir na superfície da consciência da pessoa atitudes específicas de sua maneira de ser, nem sempre bem assimiladas e que, por isso mesmo, produzem angústia e mal-estar. Se determinadas técnicas se exercitassem comunitariamente, não seria estranho que se intensificassem os conflitos e se aguçassem as tensões, o que iria contra a finalidade desejada.

No meu modo de entender, acredito que é preciso ser cauteloso no uso de certas técnicas, sobretudo quando se realizam com todo o grupo e a partir dos próprios acompanhantes. Precisamente porque as técnicas evidenciam com muita rapidez o que a pessoa realmente é, e ela sente dificuldade em assumi-lo com tanta celeridade. Contudo, se um ou outro membro experimentar uma dessas técnicas fora da comunidade, mesmo supondo-se que o tenha afetado consideravelmente, normalmente não repercutirá no enfraquecimento das relações do grupo.

Portanto, creio que é melhor orientar as técnicas de conhecimento e acompanhamento das pessoas para a própria vida do grupo: na capacidade de "leitura" que o próprio acompanhante pode suscitar, no modo como cada um se situa no grupo e nos fenômenos de grupo. Em muitas ocasiões, vive-se ingênua e superficialmente a vida de grupo: só percebendo o que se vive e sendo ignorante a respeito de "por que se vive o que se vive", sem nenhuma interpelação. É possível até que se vivenciem certos acontecimentos de maneira agressiva e defensiva precisamente por não haver uma capacidade de "leitura" da vida.

O fator tempo é parte integrante das técnicas de grupo. Nem todos interpretam a mesma coisa na mesma técnica, porque cada experiência se produz a partir de uma circunstância diferente. Nem sempre o que é descoberto pela maioria do grupo consegue ser aceito precisamente por aquelas pessoas mais referidas e afetadas a respeito; parece até que lhes é "indiferente". É preciso um tempo para "digerir". Contudo, "negar" já é um primeiro passo para poder aceitar mais tarde. Portanto, quando nos deparamos com uma análise, fica sempre uma indagação formulada, por mais que se esteja inclinado a negar ou mesmo que se negue terminantemente o diagnóstico. De modo que, para que a análise seja aceita pelo interessado, não é suficiente que a ouça, mas é necessário que a descubra; o fato de tê-la ouvido pode ajudá-lo a descobri-la cedo ou tarde, sobretudo se, na maneira de dizê-la, não lhe criarmos defesas.

Feito o esclarecimento anterior, é certo que, no interior da comunidade, podem ser utilizados vários "instrumentos válidos" para a internalização pessoal e comunitária. Existem vários métodos pelos quais as pessoas "dizem" e "se dizem"; "trabalham" e "se trabalham". Surgem as atitudes de "pais", "mestres", "juízes", "crianças", "adolescentes" ou "adultos" que cada um descobre em si mesmo por meio da interação pessoal ou na qual precisa saber situar-se por sua pertinência ao grupo.

Damos a seguir alguns dos métodos que podem ser utilizados:

- Expressar as qualidades das pessoas e do grupo, os desejos, as esperanças, as frustrações... Como fazer convergir a utopia e a realidade, a teoria e a prática. E a partir dessas "leituras", inferir as conclusões pertinentes.

- Falar das atitudes e dos fatos que na comunidade contribuem para dar coesão à vida do grupo, conforme o carisma institucional próprio.

Falar das atitudes e dos fatos que contradizem a vida comunitária. Cada membro da comunidade é "parte do problema" e "parte da solução".

- Refletir em conjunto sobre a maneira de se relacionar com os demais membros da comunidade; se de maneira "instrumental", à medida que me "servem"; se de maneira "funcional", à medida que funcionam de acordo com os objetivos que pretendo; ou, se de maneira "pessoal", como pessoas que são é de maneira desinteressada. Ver se tenho com eles um "compromisso comunitário" ou uma "coexistência pacífica". Se por acaso não chego a realizar a coerência, suficientemente, entre os aspectos de "trabalho" e de "convivência" comunitária: ou se um dos aspectos tem vigência em detrimento do outro.

- Conseguir descobrir no grupo as atitudes de superioridade ou de inferioridade, não tanto para saber se elas existem ou não, mas para descobrir de que maneira são vivenciadas. Atuam em detrimento das pessoas? Cada membro da comunidade é percebido como "promessa" ou "ameaça" para os outros?

- Ver se a atuação pessoal no grupo é de "pais" (impõem seu critério aos outros), de "filhos" (esperam submissamente que venham as decisões), de "adolescentes" (freqüentemente queixosos e sem trazer soluções), de "adultos" (responsáveis diante da solução dos problemas, sem que isso seja motivo para viver com amargura). Essa consideração deveria possibilitar viver libertos das tensões produzidas pelas diferentes formas de existir e de se situar no interior do grupo.

- Livre intercâmbio de opiniões em nível de pontos de vista, sobre diversos aspectos e comportamentos da comunidade, sem moralizá-los nem dogmatizá-los. Tem como efeito conhecer, entre todos, as diferentes percepções da realidade.

Enfim, muitos outros métodos podem surgir da iniciativa de uma comunidade que quer melhorar; e esses são os melhores, precisamente por serem os mais apropriados, uma vez que não serão tanto as "boas técnicas" as que melhorarão a comunidade, e sim as mais "adequadas e apropriadas" à comunidade. Portanto, o mais acertado é que as técnicas surjam da comunidade ou ainda que sejam assumidas pela comunidade.

Capítulo VIII

MEIOS DE ANIMAÇÃO COMUNITÁRIA

Conforme as Constituições

As Constituições das diversas Congregações religiosas coincidem na enumeração dos meios que melhor conduzem à animação da comunidade religiosa.

— Em relação à *animação espiritual* propriamente dita, citam-se: projeto comunitário, intercâmbio de fé e do sentido da consagração religiosa, partilha de diferentes temas de espiritualidade, aprofundamento dos documentos eclesiais e institucionais, conferências exortativas, relacionamento normal e fácil com o superior, reuniões de revisão comunitária, leitura espiritual, retiros periódicos, orientação litúrgica etc.

— Em relação à *missão* peculiar do Instituto: partilha das diferentes experiências apostólicas e pastorais, busca do sentido da missão a ser realizada, renovação em e da própria missão etc.

— Em relação à *organização comunitária*: organização da estrutura interna, animação das relações fraternas, meios de formação permanente, regulamentação e previsão de lazeres e descansos comunitários etc.

Embora o superior não tenha motivos para assumir pessoalmente todos esses aspectos, não se omite de nenhum deles; dessa maneira, interessa-se para que todos eles sejam realidade na vida comunitária.

A orientação ou direção espiritual coletiva da comunidade

A missão de superior, primordialmente, parte de ter presente e suscitar a atenção da comunidade pelos interesses e objetivos religiosos que a convocam e lhe dão sua razão de ser.

Os exercícios de oração, os atos litúrgicos e outros meios comunitários devem inserir-se dentro de um clima de radicalismo no estilo de vida de consagração batismal, de fraternidade evangélica e de aprofundamento e vivência do carisma institucional.

O superior da comunidade, como seu *diretor espiritual*[1] coletivo, não deve limitar-se a uma "pastoral

---

[1] Congregações para os Religiosos e Institutos Seculares e para os Bispos. *Mutuae relationes* (1978) 13: "Os superiores religiosos têm a missão e a autoridade do mestre de espírito com relação ao conteúdo evangélico do próprio Instituto; dentro desse âmbito, pois, devem exercer uma verdadeira direção espiritual de toda a Congregação e de suas comunidades". Essa mesma precisão foi recolhida no *Instrumentum laboris* do Sínodo de bispos sobre a vida consagrada (1994) 59:

de conservação", mas sobretudo de "animação no compromisso evangélico".

Para isso, precisará agir com tato respeitoso, tentando abrir seus irmãos para os caminhos de uma formação permanente, tanto mediante leituras quanto mediante diálogos comunitários, cursinhos e várias outras experiências que poderá estimular. E, com esse propósito, deverá impregnar-se ele próprio do espírito das Constituições com o fim de ajudar os irmãos nesse mesmo sentido. Mais do que a simples observância, interessará ao superior promover a regularidade que se baseia na caridade; deverá proporcionar à comunidade um clima favorável de atenção aos chamados que Deus continua fazendo às nossas instituições, comunidades e pessoas, ao mesmo tempo que manifestará uma atitude de generosa disponibilidade.

Não se trata tanto de uma direção espiritual magisterial quanto da atitude vital que, por si só, já é de orientação espiritual desde a própria práxis comunitária. E, assim, o superior orienta sua comunidade mediante:

— sua disponibilidade comunitária;

— sua benevolência e entrega;

— sua generosidade na aceitação e compreensão das pessoas;

"Quem preside a comunidade deve ser considerado, acima de tudo, um mestre de espírito, que, exercendo a função ou o ministério de ensinamento, exerce uma verdadeira direção espiritual da comunidade, um ensinamento com autoridade feito em nome de Cristo, com relação ao carisma do Instituto".

- sua maturidade evangélica;
- sua capacidade de assumir e vivenciar as circunstâncias que se apresentam;
- a aceitação de suas próprias limitações;
- sua sensibilidade em perceber a realidade de sua comunidade e das situações que ela atravessa;
- sua real e crescente vida de oração;
- seu próprio processo espiritual;
- sua atenção ao Espírito Santo, que lhe facilita o discernimento adequado em cada caso;
- sua tentativa de aprofundar-se no espírito das bem-aventuranças;
- acompanhando mais do que mandando;
- a atitude de fazer surgir mais do que organizar;
- sua atitude de respeito à comunidade e a cada pessoa pertencente a ela;
- o fato de ocupar-se verdadeiramente da comunidade;
- sua capacidade de escutar-se e de escutar;
- sua atitude de autenticidade;
- sua equanimidade, serenidade... e capacidade de controlar as emoções;
- sua capacidade de manter distância daquilo que acaba de acontecer;
- sua capacidade de falar e de calar-se;
- sua capacidade de discernir as ambigüidades;
- sua capacidade de viver o próprio medo;

— sua capacidade de ler e de descobrir seus próprios mecanismos de defesa, fuga, resistência, ataque etc.;

— sua capacidade de perceber suas projeções e fantasmas;

— sua capacidade de propor mais do que impor.

Essas e outras atitudes afins permitirão situar o superior próximo à comunidade e a cada um dos irmãos que a integram. Dessa maneira, sua atitude criará boas relações, as quais unificarão esforços conjuntos. O superior não é tão importante por seu saber quanto por sua atitude verdadeiramente fraterna. Quando se possuem a coragem e o acerto de "morrer como pai para ressuscitar como irmão", certamente se sai ganhando. Quando as motivações são "pelo Evangelho" e se está próximo da comunidade, consegue-se realizar um trabalho muito bom.

A entrevista pessoal ou o relacionamento pessoal entre o superior e cada pessoa

Se, de ambas as partes, pode-se julgar como naturalmente necessária e muito útil a entrevista pessoal com o superior, também ocorre certa sensação de "pudor", que faz que ela não aconteça como seria o esperado. Como se um certo "pudor", de ambas as partes, o impedisse.

Se o superior, por sua função, deve ser o vínculo entre os diferentes membros da comunidade e precisa estar a serviço de cada um dos irmãos "para ajudá-los a realizar plenamente sua vocação pessoal e comunitária",[2] parece normal e lógico que tenha a possibilidade real de poder conversar periodicamente com cada um deles. O mesmo cabe dizer atendendo a que o superior é o "primeiro responsável da comunidade e de sua unidade".[3]

A entrevista ou o relacionamento normal entre o superior e cada irmão da comunidade já implica ajuda mútua. Facilita-se o "falar", coisa que, por si só, já é eminentemente positiva e muito terapêutica. Vivem-se anomalias por não saber falar e por não poder falar. Falar é um verbo intransitivo e não necessita de complemento direto. Falar alivia, permite compreender, derrubar determinadas atitudes, aproximar as pessoas, desvanecer preconceitos, esclarecer mal-entendidos etc.

- Por esse "falar" e o "escutar" que traz implícito:

  — o superior conhece e compreende melhor cada irmão de sua comunidade;

  — o superior se interessa pela pessoa de cada um de sua comunidade;

  — desvanecem-se mal-entendidos e possíveis preconceitos;

  — desbloqueiam-se atitudes de agressividade acumulada;

  — encurtam-se distâncias psicológicas;

---

[2] Cf. Regra dos Irmãos das Escolas Cristãs, art. 61.

[3] "Contudo, importa reconhecer que quem exerce a autoridade *não pode abdicar da sua missão* de primeiro responsável da comunidade, qual guia dos irmãos e irmãs no caminho espiritual e apostólico" (VC 43).

MEIOS DE ANIMAÇÃO COMUNITÁRIA

— evidenciam-se as motivações verdadeiras, próprias de certos comportamentos;

— apreciam-se os valores que a pessoa realmente tem;

— derrubam-se as tendências de moralizar as diferenças nos comportamentos e ideologias;

— vive-se um clima no qual é possível pedir explicações e falar dos diversos pontos de vista e critérios plurais;

— proporciona-se ao religioso e ao superior um momento para "dizer" e "dizer-se";

— permite-se perceber a boa vontade que preside as pessoas e apreciar a bondade que existe nelas;

— propicia-se um clima favorável para pedir explicações sobre situações que talvez sejam causa de tensões e conflitos.

E não resta dúvida de que, graças a esse intercâmbio, propicia-se a boa animação comunitária.

- Do mesmo modo, também por esse "falar" e "escutar":

— o religioso conhece e compreende melhor o seu superior;

— o religioso adquire novos elementos de julgamento que a própria conversa lhe traz;

— encurtam-se as distâncias no relacionamento que poderiam parecer intransponíveis;

— acontecem esclarecimentos mútuos que permitem dissipar fantasmas e projeções subjetivas;

— o religioso encontra um lugar e um momento favorável para a compreensão e o discernimento das situações que vive;

— o religioso toma consciência da realidade das situações, bem como das próprias limitações e das dos outros;

— cada membro sente-se valorizado e apreciado precisamente pela delicada atenção e escuta prestada à sua pessoa.

E, graças a esse intercâmbio, o religioso pode sentir-se mais motivado para participar na co-responsabilidade comunitária.

Certamente, esse relacionamento entre o superior e cada membro da comunidade não é necessariamente um balanço de consciência nem um balanço de comportamento; tampouco é um meio para uma "prestação de contas", nem um momento para procurar converncer ou obrigar, nem uma avaliação da pessoa pelo superior (apenas cada um faz sua própria avaliação diante do outro, que, com sua presença ou como interlocutor, facilita-a), nem é uma ocasião para brigar ou para uma conversa de profunda reflexão sobre temas.

Esse encontro mútuo nada mais é que uma conversa fraterna entre o superior e cada irmão, encontro interpessoal que pressupõe uma confiança inicial e cria mais confiança, momento privilegiado em que cada qual pode falar e ser escutado, diálogo entre pessoas mais do que sobre temas, uma escuta a partir da linguagem do irmão (mesmo que pareça cansativo, aborrecido, repetitivo...). É mais importante o que o irmão *transmite* do que o que realmente ou objetivamente *diz* (por isso, é imprescindível ficar atento para saber *de onde* se fala — em que circunstâncias, sentimentos, experiência... — mais do que *realmente se diz*).

A freqüência e a periodicidade da entrevista estabelecem a entrevista, e vice-versa. Diante da necessidade de "falar", a entrevista é um meio que também permite tomar consciência da pluralidade de situações e de sua própria complexidade. As pessoas devem ser aceitas a partir do que elas são, podendo ser elas: voluntariosas, abnegadas, ativas, organizadoras, efetivas, com a tendência de dar muitas opiniões e informações, de coordenar, elaborar, harmonizar, estimular, propor compromissos, despertar inquietações... Haverá também o agressivo, o tímido, o opositor sistemático, o obstinado, o reservado, o passivo, o mal-humorado, o desentendido etc. Com cada um, é preciso manter um relacionamento mútuo a partir de sua própria maneira de ser, que não vamos exigir que mude.

É de suma importância que o superior sinta e manifeste sentimentos de verdadeira "acolhida" à pessoa de cada irmão de sua comunidade e que se mostre centrado em seus interesses pessoais, até acima dos institucionais. Ao superior, deve interessar mais a linguagem do irmão que a sua própria; é preferível que tente mais "escutar" do que "falar", que esteja mais atento ao que o irmão expressa e comunica do que ao que ele sente necessidade ou vontade de dizer. Insisto em que a atitude de escuta é a mais importante num superior, uma vez que interessa menos que ele acerte em dizer coisas importantes e mais em que seja receptivo e permeável ao irmão que fala, por mais que possa parecer banal tudo o que ele diz. E quando se tratar de problemas, deve-se saber estar mais atento à subjetividade com que são vividos do que a sua objetividade: a objetividade de uma situação pode parecer-nos de pouca importância, mas, em sua subjetividade, pode abrigar-se uma situação crítica; essa última é a que verdadeiramente conta.

O relacionamento interpessoal "superior-irmão" deve ser vivido num clima de fraternidade, manifestando o máximo respeito para com a pessoa. Nunca deveria dar-se um sentimento de superioridade nem de dominação. Respeitar a maneira de ser, de viver e de entender próprias de cada pessoa, mesmo não estando de acordo. Essa atitude simples, franca e fraterna facilitará a comunicação e, portanto, a aproximação interpessoal e o relacionamento mútuo para o bem da função de animação religiosa e da possibilidade de viver com alegria, que deveria caracterizar todos os religiosos. E essa situação também permitirá que cada um reflita a partir de si mesmo, assumindo a própria solidão, o respectivo silêncio e o senso de responsabilidade. Sempre são preferíveis adequadas atitudes de facilitação e de reflexo[4] e evi-

---

[4] Para chegar a ter atitudes de "facilitação" e de "reflexo", acima de tudo, é imprescindível uma atitude de "empatia", pela qual se tem a capacidade de colocar-se no lugar do outro; para Mucchielli, a empatia é uma simpatia fria que exige compreensão, intuição do que o outro está vivendo sem emitir qualquer julgamento. A "facilitação" realiza-se pela escuta respeitosa tanto das palavras do outro quanto do silêncio, não acrescentando avaliações às que dá o interlo-

tar que, por causa de um zelo excessivo e intempestivo por parte do superior, possam ocorrer um distanciamento e um bloqueio no relacionamento.

A reunião comunitária

A reunião comunitária é um "momento de encontro" da comunidade com todas as suas diferenças, divergências e tendências. Por meio desse "encontro", as pessoas da comunidade podem progredir no "conhecer-se" e "re-conhecer-se". Igualmente, a reunião comunitária pressupõe um momento privilegiado para que cada irmão possa expressar sua modalidade de pensamento, repercutindo na intercompreensão das pessoas.

A "colocação em comum" que a reunião comunitária pressupõe é fonte de riqueza comunitária, ao mesmo tempo que permite ajustar as diferentes formas de opinar. Também pressupõe a mútua interpelação pelo intercâmbio de pontos de vista, critérios e mentalidades de pessoas com idades e formações diferentes. Nessa colocação em comum age o Espírito.

A reunião comunitária constitui um momento privilegiado de comunicação fraterna. A comunicação é um meio necessário ao crescimento e amadurecimen-

---

cutor, permitindo que sua linguagem não encontre dificuldades nem pela linguagem nem por minha atitude. Deixa-se que o outro possa ser plenamente ele mesmo. E a atitude de "reflexo" pode ser conseguida repetindo, embora trocando as palavras, o que acaba de dizer o interlocutor; dessa maneira, encontra este sua própria imagem, reflexo do que acaba de dizer. O que conta não é a palavra do especialista, mas a palavra de quem pede o conselho ou de quem nos fala. Assim a pessoa é remetida a si mesma e pode encontrar-se, que é o que verdadeiramente interessa.

to das pessoas. "A vida fraterna, especialmente nas comunidades maiores, tem necessidade desses momentos para crescer. São momentos que devem ser mantidos livres de qualquer outra preocupação, momentos de comunicação importantes também para a co-responsabilização e para inserir o próprio trabalho no contexto mais amplo da vida religiosa, eclesial e do mundo ao qual se é enviado em missão, e não só no contexto da vida comunitária. É um caminho que deve ser continuado em todas as comunidades, adaptando-lhe os ritmos e as modalidades às dimensões das comunidades e de seus trabalhos" (VFC 31). Essa comunicação pode realizar-se em três níveis diferentes, todos interessantes, e nenhum deles deveria ser excluído. Um *primeiro nível* é constituído pela informação, à comunidade, das diferentes atividades e circunstâncias vividas pelas pessoas, seja no domínio da família, do Instituto, do trabalho, da saúde ou das outras informações. No *segundo nível*, devem-se "realizar regularmente, muitas vezes a cada semana, encontros em que os religiosos e as religiosas compartilhem problemas da comunidade, do Instituto, da Igreja e seus principais documentos. São momentos úteis ainda para escutar os outros, partilhar os próprios pensamentos, rever e avaliar o percurso realizado, pensar e programar juntos" (VFC 31). Um *terceiro nível* é sentido como necessidade por parte de alguns no sentido de uma comunicação mais intensa entre os irmãos da comunidade, como meio para intensificar a fraternidade.

É uma realidade o fato de não poucos religiosos lamentarem o escasso coeficiente de comunicação fraterna, que lhes é motivo de insatisfação vital, insensibilidade e desconhecimento do irmão com o qual convivem, individualismo e angústia, o que os leva a procurar uma compensação em outras comunicações fora da comunidade.[5]

Em uma reunião comunitária, há comunicação de "experiências" e de "saberes". Ambos são muito úteis. As experiências questionam a segurança do saber e este irrompe na experiência para evitar sua rotina repetitiva.

A reunião comunitária pressupõe apreço à pessoa dos irmãos, uma vez que o "encontro interpessoal" é o mais valioso. Por isso, durante o desenrolar da reunião, não se deve permitir a interferência de outros assuntos ou ocupações. Uma atitude atenta à reunião que está acontecendo significa que a pessoa dos irmãos é mais importante e está acima do trabalho e de outras obrigações.

Não é raro que alguém não consiga disfarçar um certo mal-estar durante as reuniões comunitárias do tipo formal, principalmente quando estas lhe parecem longas ou se alongam em intercâmbios, discussões e reflexões diversas. Enquanto alguns se sentem muito

---

[5] "A falta e a pobreza de comunicação normalmente geram o enfraquecimento da fraternidade; o desconhecimento da vida do outro torna estranho o confrade e anônimo o relacionamento, além de criar situações de isolamento e de solidão. Em algumas comunidades, lamenta-se a escassa qualidade da fundamental comunicação dos bens espirituais: comunicam-se temas e problemas periféricos, mas raramente se compartilha aquilo que é vital e central no caminho de consagração. As conseqüências disso podem ser dolorosas, porque a experiência espiritual adquire insensivelmente conotações individualistas. Com isso, favorece-se a mentalidade de autogestão unida à insensibilidade para com o outro, enquanto lentamente se vão procurando relacionamentos significativos fora da comunidade" (VFC 32).

à vontade nesse intercâmbio, há outros que o suportam de maneira angustiante, o que repercute negativamente no ambiente ou clima grupal. Há os que têm uma tendência a exigir que essas reuniões comunitárias sejam "práticas", ou seja, limitem-se à atividade ou à organização comunitária; e outros, acredito com mais acerto, desejam que as reuniões pretendam um "encontro comunitário" das diferentes tendências. Em vez de avaliá-las pela "eficiência", esses últimos preferem agir pelo caminho da "gratuidade".

A expressão "não temos tempo para reuniões" é, por si só, ambígua; significa que existem muitas outras prioridades mais importantes do que "perder tempo" (!) com reuniões. Na alternativa "pessoa-trabalho", parece interessar apenas o que se refere ao trabalho, que "ocupa todo o tempo e toda a atenção".

Nas reuniões comunitárias, procuram-se partilhar a palavra e o silêncio, os desejos e as esperanças, as alegrias e os medos, a felicidade e a agressividade etc. Fica-se à escuta e em situação de indigência. Não existe possibilidade de prever os resultados, uma vez que a atitude respeitosa faz ficar à espera de tudo o que se apresente ao processo comunitário. Não se trata de "brincadeiras de relógio" nem de manipulações no desenrolar da reunião ou da reflexão comunitária, mas simplesmente de facilitar o desenvolvimento da reflexão conjunta.

Na reunião comunitária, a reflexão pode estar centrada tanto sobre um "tema", com um roteiro a partir do qual se desenrola a reflexão, como sobre a "experiência" das pessoas que é intercambiada e iluminada comunitariamente. É melhor um "tema falado em e pela experiência" do que um "tema meditado racionalmente", com itens e subitens. Desse modo, as pessoas, particular e comunitariamente, trabalham e se trabalham.

Basta que se oriente uma adequada tomada de consciência do fato de que uma comunidade é formada por um grupo de "pessoas chamadas por Cristo, presididas por ele e comprometidas na construção do Reino" para que a reunião comunitária não encontre dificuldades em sua realização e constitua uma autêntica eucaristia de comunhão de todos os irmãos entre si e com Cristo.

E, assim, a partir dessa perspectiva, na reunião comunitária, as diferentes pessoas situam-se "umas-junto-às-outras", atentas aos mesmos objetivos e perspectivas. Desse modo, gera-se a criatividade conforme o impulso do Espírito do Senhor e a comunidade persevera nos objetivos que lhe são próprios e característicos. Não é mais uma comunidade na qual estão "frente-a-frente-uns-com-os-outros" (em que cada qual tenta convencer o outro de sua própria verdade), mas onde cada um se enriquece com as propostas de verdade dos outros. Enquanto uma atitude gera cordialidade, encontro fraterno, disponibilidade, tudo dentro da caridade cristã, a outra gera agressividade, distanciamento etc.

A autêntica atitude comunitária implica saber viver os mutismos, os silêncios, os preconceitos, os malentendidos, os medos... E assim se facilita a comunhão interpessoal. A reunião comunitária é o "lugar e o momento de falar e de falar-se", sem esperar resultados espetaculares, uma vez que a comunidade é primordialmente mais para "saber-viver-em-conjunto" do que para "saber-fazer-em-conjunto".

A "capacidade de comunidade" é um teste sobre a "capacidade de ter um eu próprio". E assim o clima comunitário depende das pessoas que integram a comunidade e de sua capacidade de assimilar o positivo e o negativo, os sucessos e as frustrações, bem como os diferentes fenômenos que vão sendo produzidos com o passar dos dias.

Aprender a fazer reuniões comunitárias pressupõe um lento processo pelo qual se permite fazer surgir um clima de confiança e de progressiva dissipação dos preconceitos que o convívio diário acaba produzindo.

Considerando-se que a própria comunidade impõe um ritmo específico à dinâmica comunitária, as reuniões deveriam ter periodicidade e duração suficientes para permitir às pessoas dizer e dizer-se, confrontar pontos de vista e questionar critérios, bem como coincidirem todas numa crescente co-responsabilidade comunitária.

A comunicação da informação

A informação é um meio de coesão comunitária e mostra o coeficiente de interesse de uns com relação aos outros. Enquanto a falta de informação intoxica o grupo, a boa comunicação informativa, ao contrário, dissipa preconceitos e facilita os relacionamentos interpessoais e o interesse mútuo. Por meio da informação, liberam-se muitas tensões no grupo.

Do mesmo modo, certas atitudes negativas se dissipam à medida que aumenta o coeficiente de informação: interesse pela família de cada um, pelo trabalho que cada um realiza, pelo Instituto, pela missão comunitária etc. Sempre será verdade que se interessar pelo que uma pessoa diz e faz é interessar-se por ela mesma; não dar atenção ao que diz e faz é percebido como menosprezo pessoal. E segurar a informação de tudo o que é comum à comunidade é propiciar o desinteresse, o individualismo e a marginalização.

Quando existe mútua confiança, a informação é percebida como causa e efeito de fraternidade, de interdependência e de co-responsabilidade; porém, se existe deficiência na mútua confiança, a informação pode ser vivenciada como desagradável controle.

É possível criar momentos de informação comunitária. O superior não deve ser o único depositário da informação, e sim toda a comunidade. Essa atitude informativa cria hábitos de tranqüila interdependência e de co-responsabilidade comunitária.

A comunicação de experiências

A comunicação das experiências vividas pelas pessoas de uma comunidade tem caráter ab-reativo[6] e catártico e é, portanto, um excelente método para criar

---

[6] Ab-reação é uma descarga emocional mais ou menos intensa, em que o indivíduo revive um acontecimento traumático que o liberta da repressão à qual estava submetido, e que pode ser espontânea ou manifestar-se no curso de certos processos psicoterápicos, por ação deles (Dicionário Aurélio).

um agradável clima comunitário. Para qualquer pessoa humana, é da maior importância poder expressar-se no interior de seu grupo primário, uma vez que "existimos" à medida que "nos expressamos". Ao contrário, é terrivelmente nefasto "não poder expressar-se": é a negação da pessoa.

Todas as pessoas necessitam "expressar sua vida" para poderem existir como tal: seja pela "palavra", seja pela "companhia", seja pelo "trabalho".[7] Há os que estão doentes por carecerem da possibilidade da "linguagem", por carecerem de "amizades" ou por acharem que o "seu trabalho não é reconhecido".

Propiciar sessões de comunicação de experiências é favorecer a vida pessoal e comunitária. Como o homem existe a partir dos outros, também cresce à medida que "se diz a si mesmo", que "convive com os outros" e que "trabalha com os demais e para os demais".

A comunicação de experiências fraterniza a comunidade e liberta dos preconceitos. Surgem muitos fantasmas quando se desconhece o que o outro faz e vive. À distância é fácil julgar os outros, mas, quando nos apercebemos de seu dinamismo e de sua boa vontade insuspeitados, tornamo-nos mais compreensivos e mais justos em nossos julgamentos.

Comunicar experiências é comunicar o dinamismo interior das pessoas, e algo muito particular e pessoal se expõe ao olhar dos outros. Pressupõe confiança mútua e acrescenta a ajuda mútua, de modo que as pessoas se avaliam de outra maneira.

---

[7] Cf. PUJOL I BARDOLET, J. *La pastoral desde la psicología de la religión*. Madrid, San Pío X, 1997. pp. 26-28.

A revisão comunitária

A revisão comunitária, como "encontro da comunidade", é um lugar e um momento muito privilegiado para a progressiva construção da comunidade, uma vez que é um momento de "escuta profunda".

O clima sossegado de uma revisão comunitária facilita que se preste atenção não só ao que "se diz", mas também, e sobretudo, ao que "se vive", bem como ao que "se gostaria de dizer e não se diz" e ao que "se entende ou insinua".

Na revisão comunitária não se diz tudo o que se "quer", mas o que se "pode" dizer, uma vez que nem sempre nos arriscamos a dizer o que gostaríamos, como, de resto, é verdade que não fala "quem quer", e sim "quem pode". No entanto, cada qual pode tomar consciência com o "falado" e com o "calado", com o "dito" e com o "silenciado", com o "ouvido" e com o "entendido", com o "explicitado" e com o "sugerido"; ou seja, com o "manifesto" e com o "oculto". São aspectos extremamente evidentes em uma revisão comunitária.

Dentro das regras da técnica, todos deveriam sentir-se livres para falar e para calar-se, porque o diálogo não pode ser forçado; ele surge quando pode. E cada um poderá analisar "por que falou" e "por que se calou". É importante que cada um possa e queira responder a essas questões para o bem da integração comunitária.

Em uma revisão comunitária, tudo é muito rico e expressivo: o que se diz, os silêncios, a ressonância das palavras, o curso da conversa e do silêncio, as atitudes que se tomam etc. Tudo merece "ser escutado", sem que isso signifique fazer interpretações abusivas. Tudo merece ser depois celebrado na eucaristia, precisamente porque todos experimentamos nossas limitações, nossas incoerências, nossos desejos e nossas realidades.

A semana ou a quinzena (conforme a periodicidade estabelecida para as reuniões comunitárias) tem a sua convergência na revisão comunitária, bem como esta tem sua projeção ao longo da semana ou da quinzena.

São múltiplos os métodos para se proceder a uma revisão comunitária, que em nenhum caso deve transformar-se em uma sessão acadêmica sobre um tema de espiritualidade ou documento; senão que todo o tema ou documento deve ser falado em sua possibilidade de apropriação para a vida real da comunidade em direção aos objetivos religiosos que nos convocam a todos. Portanto, as pessoas constituem o tema muito mais que os livros e os escritos.

Parte-se da experiência do grupo comunitário. O tema deveria ser precisado com uma semana de antecipação, com a finalidade de dar tempo, seja para ler o documento base, seja para refletir sobre a questão prevista. O tema se desenvolve a partir de uma reflexão, à luz do Evangelho, das atitudes das pessoas da comunidade com relação ao tema em questão e de como podemos melhorar-nos.

Naturalmente, as questões administrativas, mesmo precisando ser tratadas em reuniões comunitárias, não deveriam privar da possibilidade de revisão comunitária.

Os retiros periódicos e anuais

Tanto os retiros periódicos (mensais, talvez) como o retiro anual têm uma dupla missão: de um lado, fazer uma pausa na exaustiva atividade e, de outro, dar um impulso à renovação na vida pessoal, comunitária e institucional.

No que se refere aos retiros periódicos, é aconselhável que se realizem fora da própria casa, por exemplo, numa casa de espiritualidade. Podem ser realizados em conjunto com outras comunidades, o que facilitaria também um "encontro" estimulante tanto para a renovação espiritual como para a abertura na missão. A ruptura que a prática desses retiros representa com relação à rotina diária é uma oxigenação necessária para que se continue posteriormente com renovado entusiasmo.

Quanto ao retiro anual, vale dizer que representa um momento privilegiado para se "estar na presença do Senhor", descansando, refletindo e preparando o futuro pessoal, comunitário e institucional.

São freqüentes as queixas e lamentações a respeito de que a lida cotidiana nos impede de refletir. Entendemos que "funcionamos", mas que nem sempre "sabemos viver". Isso repercute em nosso estado de espírito tanto com relação aos nossos irmãos de comunidade como com relação aos que são destinatários de nossa missão. A prática dos retiros periódicos e do retiro anual é um bom sedativo e nos capacitará para uma missão mais positiva da vida, da vocação e da missão.

O centro médico-psicológico

As pessoas humanas, mesmo as consagradas, podem passar por circunstâncias de crise que tornem necessária uma ajuda de especialistas em ciências humanas, até mesmo de um centro médico-psicológico.[8]

Apenas ocasionalmente se recorre ao centro médico-psicológico, quando as pessoas estão com problemas sérios em sua vida consagrada, talvez já irreversíveis. Acredito que seria bom "prevenir essas situações", procurando o Centro não porque se está passando por momentos difíceis, mas porque se deseja orientar bem a vida, de modo que, da fase de acompanhamento até os compromissos definitivos, acudir ao Centro em questão poderia ser útil para entrar num processo de maior lucidez e validade para sua vida. Não é preciso estar com "problemas especiais" para servir-se do centro médico, basta levar a sério essa etapa de formação que tem características tão peculiares e com incidência no futuro.

Insisto nesta questão, respaldado precisamente pela própria Igreja, que tem dado especial importância a esse tempo de formação inicial que se realiza, em grande parte, dentro da segunda década da existência da pessoa jovem, tão complexa e de tanta repercussão para o resto de sua vida. A Igreja reconheceu que cer-

---

[8] "No entanto, existem situações e casos nos quais é necessário o recurso às ciências humanas, sobretudo quando alguns são claramente incapazes de viver a vida comunitária por problemas de maturidade e de fragilidade psicológica ou por fatores prevalentemente patológicos. O recurso a tais intervenções tem-se revelado útil não só no momento terapêutico, em casos de psicopatologia mais ou menos manifesta, mas também no momento de subsidiar uma adequada seleção dos candidatos e para acompanhar, em alguns casos, a equipe de formadores a enfrentar problemas pedagógico-formativos específicos" (VFC 38).

tas situações que ocorrem na idade adulta dos religiosos têm sua origem na fase que agora nos ocupa, e que, seguindo a "paixão vocacional", foge-se dos verdadeiros problemas que permanecem latentes até a idade adulta, quando despertam com vigor e de maneira irreversível, apresentando-se de maneira totalmente incompatível com a continuidade na vida religiosa ou o sacerdócio, mesmo depois de vários anos de generosa entrega pastoral.

De fato, a esse respeito, a Sagrada Congregação para a Doutrina da Fé, em 14 de outubro de 1980, dirigiu uma Carta aos Bispos e aos Superiores Maiores clericais, assinada pelo cardeal Seper. Referia-se à dispensa do celibato sacerdotal. Nessa Carta, está escrito que a Sé apostólica somente concederá dispensa do celibato sacerdotal àqueles que possam provar deficiências na etapa de formação inicial:

No exame das petições que serão dirigidas à Sé apostólica, além do caso dos padres que, tendo abandonado já há muito tempo a vida sacerdotal, desejam regularizar sua situação irreversível, a Congregação para a Doutrina da Fé levará em consideração o caso dos que não deveriam ter recebido a ordenação sacerdotal, seja porque, por exemplo, lhes faltasse a liberdade ou a responsabilidade necessárias, seja porque os superiores responsáveis não puderam julgar em tempo oportuno, de maneira ponderada e adequada, se o candidato estava verdadeiramente apto a viver definitivamente no celibato consagrado a Deus.[9]

Conforme meu critério, acredito conveniente oferecer-lhes e aconselhá-los ao uso de um centro médico-

---

[9] AAS (14 de outubro de 1980).

psicológico durante o tempo da formação inicial, talvez durante o noviciado, sabendo que trabalha com seriedade e competência e com a necessária discrição. Contudo, não será o caso de obrigar ninguém a procurar o Centro. Tampouco queremos que eles o façam porque lhes dissemos para fazer, e sim porque decidiram isso ao longo de uma etapa concreta de formação. Tanto a consulta quanto a orientação resultante devem ter a garantia de que não haverá "vazamentos", nem mesmo para com os respectivos superiores, a menos que "espontaneamente" o jovem candidato tenha manifestado antes o desejo de uma mediação.

No centro médico-psicológico, o candidato tem um meio bastante eficiente de expressar suas dúvidas e talvez também suas incertezas e seus temores com relação ao futuro, num ambiente diferente daquele que vive e com especialistas nesses assuntos. Só o fato de "declarar-se" nessa situação já é de grande utilidade.

Pois bem, acredito que a eficácia dessas consultas situa-se mais em termos de orientação do que de diagnóstico propriamente dito. Procurar esse Centro não significa que obrigatoriamente as pessoas sairão do consultório com a solução dos seus problemas na mão, mas significa que receberão uma orientação que lhes permitirá iniciar um processo de solução para os seus problemas, ou quem sabe terão recebido uma interpelação que lhes será de utilidade para o futuro. Nem tudo o que se recebe hoje se compreende hoje e se aproveita hoje; existem fenômenos ou coisas ouvidas das quais não percebemos sua mensagem, a não ser em épocas posteriores.

MEIOS DE ANIMAÇÃO COMUNITÁRIA

Além disso, prevenir certos fenômenos, já em sua fase da formação inicial, evitará que apareçam recrudescidos em idade mais adulta.

Entretanto, o religioso adulto também pode passar algumas vezes por momentos de desorientação e de crise em virtude de diversos fenômenos,[10] por exemplo, de fixação[11] e de regressão,[12] ou como conseqüência de outras circunstâncias: "É necessário acrescentar que, independentemente das várias fases da vida, cada idade pode conhecer situações críticas decorrentes da intervenção de fatores externos — mudança de lugar ou serviço, dificuldades no trabalho ou insucesso apostólico, incompreensão ou marginalização etc. — ou causadas por fatores mais estritamente pessoais — doença física ou psíquica, aridez espiritual, lutos, problemas de relacionamento interpessoal, fortes tentações, crises de fé ou de identidade, sensação de inutilidade e outros semelhantes. Quando a fidelidade se torna mais difícil, é preciso oferecer à pessoa o apoio de uma maior confiança e de um amor mais intenso, em nível pessoal e comunitário" (VC 70).

---

[10] Cf. Pujol i Bardolet, op. cit., pp. 107-115.

[11] A "fixação" se define como intenso apego à libido, a uma pessoa, a um objeto ou a uma etapa de desenvolvimento psicossexual; em conseqüência, diminui a libido disponível para ajustar-se à realidade. Em clérigos e religiosos, dão-se casos de fixação na mãe; da parte da mãe, o filho padre ou religioso é o filho que pode possuir melhor, e, por parte do filho, ao não compartilhar a vida com outra pessoa, resta-lhe sempre a mãe como melhor e única referência.

[12] A "regressão" pode definir-se como a defesa contra uma frustração pelo retorno a um modo de comportamento e de satisfação anterior. Retorno em sentido inverso a partir de um ponto já alcançado a um ponto anterior a ele. É o retorno da pessoa a etapas superadas de seu desenvolvimento. Por exemplo, na idade adulta pode acontecer um retorno a formas adolescentes que haviam sido superadas e que aparecem como reivindicativas, em conseqüência de não terem sido vividas suficientemente em seu momento ou como resultado de algumas frustrações vitais.

Capítulo IX

O PROJETO COMUNITÁRIO

Uma exigência de nossos tempos: o discernimento de espíritos

O exercício do discernimento espiritual é imprescindível para a elaboração de um projeto comunitário, sobretudo nos tempos atuais.

Em todas as épocas, tem sido necessário o discernimento de espíritos;[1] porém, esse carisma parece ainda mais imprescindível quando, por causa dos novos tempos, irrompem espíritos muito diferentes e competitivos com relação à vontade de Deus, que procuramos descobrir de maneira permanente e progressiva no transcorrer da história da humanidade. E esse discernimento de espíritos é ainda mais importante, tratando-se de pessoas que vivem de Deus e para Deus, como são por definição os religiosos, e considerando-se que têm como sinal e missão fazer Deus presente na história da humanidade.

---

[1] Paulo VI. *Evangelica testificatio* (1971) 6: "No próprio âmbito desse processo dinâmico, em que existe sempre o perigo de que o espírito do mundo se misture com a ação do Espírito Santo, como ajudá-los a realizar os necessários discernimentos? Como salvaguardar ou alcançar o essencial? Como beneficiar-se da experiência do passado e da reflexão presente para reforçar essa forma de vida evangélica?".

De acordo com a expressão do Pastor de Hermas, há dois anjos no homem: um é o da justiça e o outro é o da maldade (concupiscência boa e concupiscência ruim).

O discernimento de espíritos define-se como "um dom gratuito que confere a capacidade de reconhecer o que é obra de Deus na realização humana". É "o julgamento reto que fazemos conforme o Evangelho". É "o senso de orientação (em sentido teórico) que permite à pessoa, em seu momento concreto, encontrar a forma de existência mais adequada para ela".

Entrando em detalhes de caráter prático, podemos afirmar que o descernimento parte da coerência entre a *cabeça* e o *coração*, entre a *racionalidade* e a *afetividade*. A graça não destrói a natureza, mas a potencializa melhor; da mesma forma, a *cabeça* (a racionalidade, a inteligência, a lógica) não tem motivo para atentar contra o *coração* (a afetividade, a sensibilidade, o sentimento), ou vice-versa. Enfim, o bom uso de um elemento ajuda o outro. E essa coerência entre a cabeça e o coração realiza-se, para o fiel cristão, de acordo com o Espírito que faz clamar "Abba!". E assim é que, como em Pentecostes, o Espírito que anima o discernimento de espíritos tem caráter "estruturante". Está vinculado ao amor[2] e à profissão de fé[3] e é para edificar a comunidade;[4] garante a unidade[5] como ação carismática.

---

[2] Cf. 1Cor 13: "Se eu não tivesse a caridade, seria como um bronze que soa [...], nada seria [...], nada me adiantaria".

[3] Cf. 1Cor 12,3: "[...] ninguém pode dizer: 'Jesus é Senhor!', a não ser no Espírito Santo".

[4] 1Cor 12,4: "Há diversidade de dons, mas o Espírito é o mesmo".

[5] Cf. Rm 12; 1Cor 12.

Em sintonia com o discernimento, cada membro da comunidade poderia tomar como utopia para si as palavras de Isaías: "O Espírito do Senhor Iahweh está sobre mim..." (cf. Is 61,1-3) e conduziu-me ao deserto[6] e à cruz.

O discernimento de espíritos deveria ser uma atitude bastante normal de todos os religiosos, como um certo "instinto de Deus", como um senso de orientação que normalmente rege sua reflexão, sua maneira de ver e de julgar, bem como seu agir. Deveria constituir o espírito motivador.

À medida que o espírito de discernimento for atual no religioso, constituirá "espírito de unidade" e de "desconserto". E por essas mesmas funções, virá a ser estruturante e instituidor, tanto com relação à sua pessoa como à comunidade. Em vez de partir cada qual de si mesmo, todos partirão do "próprio Espírito" e entrar-se-ão em cheio nos planos de Deus.

É preciso fazer o projeto comunitário?

Na verdade, principalmente para os adultos, é mais cômodo manter uma certa rotina, continuar fazendo "como sempre", continuar em nosso *modus vivendi*, em nosso *modus faciendi*. Talvez uma certa inércia à mudança e à insegurança que ela nos causa, uma certa preguiça para refletir sobre novas formas de ser e de agir nos fazem preferir continuar nossas rotinas.

---

[6] Cf. Mt 4,1; Mc 1,12; Lc 4,1.

Às vésperas de organizar a comunidade, não poucas vezes se ouve a pergunta: é preciso fazer o projeto comunitário? Como se ele fosse uma invenção arbitrária, algo de moda passageira ou um capricho da época. Naturalmente, a razão de elaborar o projeto comunitário não é "porque foi mandado"; a mera submissão careceria de força motivadora para elaborar algo que valesse a pena. O mais natural seria considerar que talvez esteja mandado nas Constituições pela necessidade de ajustar uma necessidade sentida e que experimentam hoje as comunidades religiosas de estruturar-se a partir da própria originalidade das pessoas, da tarefa que realizam e do contexto em que vivem e a que servem. Outras considerações em prol do projeto comunitário caminhariam na linha de uma valorização da autonomia pessoal e de grupo, do personalismo, de permitir a própria expressão e de que vivemos uma crise da norma, sobretudo quando é "exógena"; pelo projeto comunitário, deseja-se formular a norma "endógena", ou seja, a partir do próprio grupo comunitário. Convém acrescentar que a elaboração do projeto comunitário é um "direito" das pessoas e das comunidades.

A situação atual, que exige suscitar a obediência livre e colaboradora, torna lógico que as comunidades se auto-constituam. Vivemos a crise do que são as normas gerais, não só porque podem ser discutíveis, mas também porque podem ter leituras plurais em sua aplicação dado que precisam corresponder à maneira de ser e de existir das pessoas em coerência com os contextos que as cercam em cada caso.

Se hoje a vida religiosa não consiste tanto na "observância"[7] quanto na "vivência e na capacidade de dar uma resposta" aos desafios do mundo e da Igreja, parece normal que cada grupo comunitário, atendendo aos objetivos do carisma eclesial, que lhe é próprio, esteja propenso a passar de um "situar-se em Cristo" para um "peregrinar em Cristo", para transcender o "conformismo cômodo e tranqüilo" em prol de uma "atitude profética incômoda e inquietante", ancorada nos valores escatológicos. Trata-se, portanto, de evitar a tentação de ficarmos com o deus Baal para ficar assim plenamente comprometidos com o Deus Javé.

Origem do projeto comunitário

O projeto comunitário aparece ao mesmo tempo em que surge a necessidade de "descentralização". A "uniformidade" já não vigora em nossos tempos tão plurais. Resulta bastante difícil legislar a partir de um "centro" de forma válida para toda a geografia do mundo e de acordo com uma única maneira ou chave de interpretação. Por isso, a função dos superiores passou do "mandar" para o "motivar ou influir"; e de um "responsabilizar-se diretamente pelos outros" para um ten-

---

[7] Segundo o Informe do DIS realizado por J. M. López e M. B. Isusi: "somente 15% dos religiosos e 7% das religiosas consideram como primeiro valor a observância, contra 65% dos religiosos e 80% das religiosas que consideram como primeiro valor a fraternidade; bem como 20% dos religiosos e 13% das religiosas consideram viver como primeiro valor o trabalho" (Realidad actual de la vida religiosa. Datos fundamentales de su vida y de su misión. In: UNIÃO DE SUPERIORES GERAIS. Carismas en la Iglesia para el mundo; la vida consagrada hoy. 2. ed. Madrid, San Pablo, 1995. p. 88).

tar "responsabilizar-se com os outros" para que cada qual consiga carregar suas próprias responsabilidades. E, partindo de uma atitude de "centralização", pela qual se "controlava", regulava e interpretava a partir de um centro, passou-se para a "descentralização", pela qual se tenta "animar" tudo partindo do centro.

Seria possível objetar a respeito do porquê do projeto comunitário, tendo-se o Evangelho e as Constituições. Precisamente, os "textos" devem ser coordenados a partir dos contextos: é exatamente nisso que o projeto comunitário se fundamenta. A partir do momento em que se permite e estimula a autonomia pessoal e comunitária, motiva-se o projeto comunitário.

Tanto a elaboração do projeto comunitário como a reelaboração ao longo do ano constituem uma tarefa pedagógica e pastoral da maior importância para uma tomada de consciência das diferentes tendências com os mesmos objetivos; e assim se unem os esforços, embora permitindo os diferentes matizes constitutivos.

Portanto, a "descentralização" permite e é a causa de um dinamismo comunitário a partir das pessoas e de suas potencialidades. O que não nos vem de nenhum jeito de fora, a comunidade deve esforçar-se para fazê-lo e consegui-lo de "dentro". E assim o projeto comunitário vem a ser um "chamado comunitário".

O que significa o projeto comunitário

O projeto comunitário indica mais uma "orientação para" do que um "destino" propriamente dito. Portanto, pressupõe "procurar em conjunto" e assim se colocar de acordo a respeito das expectativas colocadas naquilo que vai ser vivido comunitariamente. Significa localizar "nossa estrela polar" e encaminhar para ela a peregrinação conjunta para o Reino de Deus, que queremos alcançar ao máximo já neste mundo.

Pelo projeto comunitário, cada comunidade se compromete a continuar caminhando rumo a ideais inacessíveis, conscientes de que o mais importante e enriquecedor é a fraternidade gerada pelo ato de "caminhar juntos" na consecução de grandes empreendimentos vocacionais, como é caminhar para as bem-aventuranças, a pobreza, a castidade no celibato, a vontade de Deus, a caridade, a missão, a salvação da humanidade, mesmo sabendo que nunca chegaremos à plenitude. Entretanto, temos a alegria de estar sempre olhando para o horizonte prometedor.

É o próprio projeto comunitário, precisamente, que nos permite tomar consciência ao mesmo tempo de nossos "ideais" e de nossas "realidades", de nossas "expectativas" e do "dinamismo" posto nelas, de nossa "utopia" e de nossas "incoerências", sabendo que, com a dialética de um e de outro desses aspectos, construímos nossa comunidade.

Portanto, podemos concretizar a significação do projeto comunitário da seguinte maneira:

1. O projeto comunitário vem a ser *a resultante da colocação em comum, pelo diálogo fraterno, dos diferentes projetos pessoais de cada membro da comunidade.* Isso significa que cada um terá de orientar suas qualidades e aptidões pessoais con-

forme o carisma escolhido e a vocação recebida. Na realidade, não se trata de desconsiderar determinadas qualidades pessoais, mas de orientá-las para o carisma institucional.

Pode parecer que, pelo fato de ter optado livremente por pertencer a uma comunidade, a pessoa perderá "liberdades". Qualquer opção "amarra". Entra-se então no uso da linguagem "faria isso, mas como pertenço à comunidade...", "diria isso, mas...". Como se o exercício da "liberdade de opção" limitasse "liberdades" para determinadas aptidões pessoais, o que é verdade. De fato, a liberdade não consiste tanto em liberdades, mas em optar por uma determinada direção.

2. Todo o projeto comunitário deve estar *suficientemente motivado por uma fidelidade ao espírito da própria congregação religiosa e por uma total integração ao contexto da comunidade e da ação missionária,* que é própria de cada membro da comunidade e de seu conjunto. O projeto comunitário deve facilitar o espírito de comunidade em sua dimensão de fraternidade evangélica e potencializar a tarefa evangelizadora que irradia do exercício da "missão" característica de cada instituição.

3. O projeto comunitário deve *encarnar o espírito congregacional em um lugar e ambiente determinados* e assim ser o reflexo fiel da realidade existencial e vivencial da vida comunitária, com vistas aos seus objetivos próprios. Ou seja,

partindo da realidade das pessoas e de seu ambiente, tender para os objetivos pretendidos pela comunidade em sua definição como tal.

4. O projeto comunitário constitui *a concretização do princípio de responsabilidade e de subsidiaridade de cada um dos membros da comunidade*. E assim ficam potencializadas as qualidades e as possibilidades de cada membro da comunidade. Portanto, não se trata mais de que, por meio do sistema, apóiem-se as iniciativas e a criatividade do superior ou de um setor da comunidade, mas sim que o conjunto da comunidade procure potencializar a todos e a cada um.

5. O projeto comunitário é de primordial interesse para toda a comunidade: a questão do pluralismo e até mesmo da divergência *é uma maneira de tornar possível o encontro das diversas tendências e chegar a acordos comuns*. Essa questão do pluralismo e das divergências ideológicas não é em si um mau sintoma; pelo contrário, pode ser causa de riqueza comunitária. É extremamente útil conhecer as diversas tendências pelas quais escutamos os demais e questionamos a nós mesmos. Por isso, o projeto comunitário será a expressão do grupo a partir do próprio grupo. É o meio de estarem todos comprometidos com a mesma fraternidade e co-responsabilidade evangélica em uma tarefa comum, em coincidência de objetivos.

6. O projeto comunitário *é um meio para refletir sobre o que somos, por que nos reunimos em co-*

munidade, o que pretende nosso grupo comunitário etc. Ou seja, ajuda-nos a tomar consciência de nosso ponto de partida, de nossa razão de ser e de existir. E também do porquê de nossa missão (ensino, saúde, marginalizados...). O interesse que urge em nosso funcionar não poucas vezes nos faz perder de vista a tomada de consciência de nossa identidade.

Por isso, uma adequada tomada de consciência do seguimento de Cristo, da consagração batismal etc. deveria estar na base e ser motivação de tudo quanto somos e fazemos. Que não nos aconteça que o *fazer* faça perder de vista o *ser*, uma vez que, não poucas vezes, no fazer, esgotamos a maior parte de nossas energias, ficando até sem sentido o ser.

Uma comunidade que reflete sobre sua identidade e sua essência será uma comunidade que encontrará sentido para sua razão de ser e de agir, constituindo isso mesmo um importante elemento dinâmico, tanto no "testemunhal" como no referente ao desenvolvimento da "missão".

7. O projeto comunitário é a "própria lei da comunidade" *dentro do espírito congregacional e estimula a vida pessoal e de grupo.* Pelo projeto comunitário, cada pessoa sente-se potencializada, apoiada, acolhida, comprometida e, assim, vai descobrindo cada vez mais o sentido da vida consagrada. Enfim, o projeto comunitário faz olhar constantemente para o futuro.

O projeto comunitário como compromisso para um processo evolutivo de toda a comunidade

O projeto comunitário, "pro-jectu", encaminha-nos para a consecução de metas e objetivos, ou seja, faz ir mais além do simples "jazer"..., faz "trans-jazer". E, assim, desinstala do jazer, fazendo empreender um "tra-jectu" rumo aos objetivos do projeto. Portanto, temos o *projeto* (objetivos e fins) e o *trajeto* (meios).

A exigência do projeto comunitário corresponde ao "processo evolutivo" que experimentamos. Se existem tempos novos ou diferentes dos anteriores, parece normal que a comunidade deva perguntar-se sobre como se localizar neles. Quando os tempos eram "repetitivos", não havia motivo para elaborar um projeto comunitário, bastava elaborar um "código de usos e costumes" (com o fim de não perder as boas e santas tradições, como se dizia), uma vez que, sendo invariável o contexto, justificava-se continuar da mesma forma; e a fidelidade à tradição garantia seus frutos. Porém, hoje o projeto comunitário vem a ser um necessário momento "instituidor" da comunidade que nasce para os novos tempos; corresponde a uma *fidelidade criativa*[8] e instituidora, mais do que a uma *fidelidade instituída*

---

[8] "Desse modo, os Institutos são convidados a repropor corajosamente o espírito de iniciativa, a criatividade e a santidade dos fundadores e fundadoras, como resposta aos sinais dos tempos visíveis no mundo de hoje. Este convite é, primeiramente, um apelo à perseverança no caminho da santidade (...). Mas é, também, um apelo a conseguir a competência no próprio trabalho e a cultivar uma fidelidade dinâmica à própria missão, adaptando, quando for necessário, as suas formas às novas situações e às várias necessidades, com plena docilidade à inspiração divina e ao discernimento eclesial" (VC 37).

e repetitiva. O projeto comunitário convida a sermos criativos e a dar-nos conta das próprias responsabilidades com fidelidade criativa.

Necessita-se de "capacidade comunitária" para elaborá-lo

Contudo, na comunidade, é preciso que exista a "capacidade de elaborar um projeto comunitário": não se elabora quando se quer, e sim quando se pode. Portanto, são necessárias algumas condições:

1. *Capacidade de retroceder para pular melhor*, ou seja, capacidade de avaliar os passos já dados, discernindo os acertos e os erros em que porventura se tenha incorrido. Os passos atrás fazem parte da tarefa de progredir e de andar para a frente.

2. *Que haja comunidade suficientemente viva*, ou seja, pessoas que, sendo convocadas por Jesus Cristo, perseguem os mesmos objetivos. E para que haja realmente comunidade, é preciso que haja ao mesmo tempo *capacidade de oração comunitária* e *capacidade de projeto comunitário*; oração comunitária não é a mesma coisa que o simples exercício de oração uns ao lado dos outros, uma vez que a primeira implica que, vivendo unidos, a própria comunidade elabora a oração e o projeto missionário que partem das aspirações de todos, e não simplesmente de pessoas individuais. E a partir dessa oração e

sentido de missão, chega-se a um sentimento eclesial. Quanto ao projeto comunitário, parte-se da vontade de cada um de viver e de fazer algo válido em comum, e que os objetivos pessoais sejam comunitários e os comunitários sejam assumidos pessoalmente.

3. *Que haja "pessoas"*, ou seja (*per-sonare* = ressoar), capacidade de ressonância e de sensibilidade dos outros e do entorno. Ter um "eu-próprio". De acordo com Paul Ricoeur, "para ter o outro à minha frente, é necessário ter um 'eu-próprio'". É preciso superar a máscara que percebemos nos outros, e que o "personagem" transcenda a "pessoa". Que sejam pessoas que "existam", ou seja, com capacidade de "sair de si mesmas". Esse é um pré-requisito para a constituição da comunidade. Uma vez que não há comunidade se não houver pessoas, é desejável que elas sejam heterogêneas e compatíveis para um intercâmbio enriquecedor.

4. *Que haja motivação para elaborar o projeto comunitário*. A motivação pressupõe que assumimos a realidade em que vivemos, que fomos capazes de chegar às suas raízes, que temos objetivos muito concretos; é assim que se reúnem e colocam em comum os esforços.

O projeto comunitário exige reajustar a coerência entre o Evangelho, as Constituições, o projeto geral do Instituto, o projeto provincial e o projeto pessoal. Não se trata de menosprezar de imediato nenhum desses elementos, uma vez que a coerência entre todos eles potencializará a cada um e, partindo do Evangelho, todos podem ser purificados.

Objetivo e conteúdos do projeto comunitário

Primordialmente, o projeto comunitário pretende a "renovação permanente", provocando um processo de formação ou de renovação permanente.

Em tempos novos, precisamos saber situar-nos de maneira diferente ou nova. E essa maneira nova de viver, de ser e de fazer é descoberta ao elaborar e reelaborar o projeto comunitariamente.

O projeto comunitário é mais da ordem do "viver" e do "saber-viver" do que do "saber-fazer". O carisma deve ter sua própria expressão em cada um dos tempos, evitando o cair em uma rotineira instalação. Portanto, "dividir o tempo das orações carece de sentido se não nos formamos no espírito de oração (sendo assim, o projeto comunitário tenderá mais a reavivar o espírito de oração do que a programar os tempos de oração); dividir o tempo de trabalho apostólico ou as tarefas carece de sentido se não discernimos comunitariamente as necessidades a que nos propomos a atender; organizar a vida interna da comunidade carece de sentido se não nos preocuparmos em conhecer-nos, aceitar-nos, compreender-nos, amar-nos e ajudar-nos".[9]

Situar-nos no nível do caminho que temos de percorrer é mais aceitável e mais normal do que nos si-

---

[9] IRMÃOS DAS ESCOLAS CRISTÃS. *Nuestra vida de comunidad*. Circular 410, 59.

tuar no nível das metas que necessariamente pretendemos por meio desse caminho, uma vez que ter expectativas exageradas com relação à comunidade e aos valores das pessoas que a compõe conduz necessariamente à frustração e ao insucesso.

Partes integrantes do projeto comunitário

Definição da Congregação e de seus objetivos

Trata-se de extrair das Constituições uma definição para a Congregação, em poucas linhas. Somente as Constituições podem definir a Congregação para o dia de hoje. A finalidade é que toda a comunidade tome consciência do ponto de partida que convocou a todos; desse modo, todos podem chegar a sentir-se solidários e responsáveis pelo próprio projeto institucional. Partindo dos mesmos postulados, pode-se chegar a caminhar conjuntamente. Um desvio, por sutil que pareça, desde o início, pode ser causa de distanciamento dos objetivos reais e concretos das pessoas com a conseqüente divisão da comunidade.

Definição da comunidade partindo da realidade

Representa uma hipótese de partida para a orientação do futuro. Essa definição poderia representar ao mesmo tempo a realidade que a comunidade vive e os objetivos pretendidos por ela. Definimo-nos como comunidade de pessoas consagradas para uma comunidade religiosa eclesial e para uma missão eclesial, e talvez constatemos que estamos distantes de nossa própria definição. A dialética entre o que somos e o que estamos chamados a ser constituirá o dinamismo do projeto comunitário.

Exposição das motivações que, em cada pessoa, inspiram a elaboração do projeto comunitário

É muito importante que o projeto comunitário esteja bem próximo das verdadeiras motivações pessoais e comunitárias. A partir delas, poder-se-á chegar ao compromisso. O projeto comunitário é muito mais que um simples regulamento para a ordem e o bom funcionamento da comunidade; é antes uma "filosofia" que inspira o viver e o agir. As motivações se purificam e se potencializam precisamente pelo intercâmbio que se chega a fazer delas.

Declaração de objetivos concretos que surgem dos desejos reais da comunidade para o ano em curso

É melhor que sejam poucos, porém, precisos. Trata-se de formular valores, objetivos e expectativas em que todos coincidem ao colocar em comum seus esforços. Não poucas vezes, por não coincidirmos nos meios utilizados ou na interpretação dos objetivos, aparecemos como rivais e competitivos uns para os outros, em detrimento da comunhão interpessoal.

Meios que estruturam nosso conviver comunitário

Concentrando-nos em aspectos tão importantes como *oração, organização comunitária, missão, pastoral vocacional, formação permanente, lazer e descanso, pressuposto comunitário etc.*

Sobre cada um desses aspectos, a comunidade deverá refletir acerca do sentido que eles têm para a sua vida; portanto, captar a "filosofia" que deve presidir cada um desses aspectos, perguntando-nos *por que* e *para que* vamos realizar cada um dos seus conteúdos. Não se trata de cumprir obrigações, mas de dar uma orientação válida para a vida.

Sistema de avaliação

É necessário precisar bem o sistema de avaliação que controlará a permanente vitalidade do projeto comunitário; dessa maneira, evitar-se-á que caiam no esquecimento os bons desejos e os propósitos nele expressos. O provincial poderia interessar-se pessoalmente por essa avaliação na ocasião de sua visita à comunidade.

Sobre o projeto pessoal

Não raramente surge a pergunta sobre o que vem primeiro, a pessoa ou a comunidade. Penso que a pergunta está mal colocada ou propõe uma situação que é preciso discernir. Na realidade, o que vem primeiro é a boa coerência entre ambos os elementos. A partir do momento em que uma pessoa escolhe uma comunidade, significa que essa pessoa faz seus os objetivos da comunidade; e, ao mesmo tempo, a partir do momento em que uma comunidade acolhe uma pessoa, significa que procurará acolhê-la e aceitá-la em sua própria originalidade. Os objetivos da pessoa e da comunidade devem potencializar-se mutuamente. Creio que é por aqui que se pode delinear uma solução para o dilema.

Da mesma forma, é igualmente verdade que a comunidade faz as pessoas e que as pessoas constituem e constroem a comunidade. Naturalmente, junto com as vantagens de um e de outro lado, existem também os inconvenientes e suas características renúncias. A comunidade potencializa e amarra as pessoas, e estas constroem e também desfiguram a comunidade.

E como a comunidade começa pelo fato de algumas pessoas se colocarem em comum, parece óbvio que o projeto comunitário se inicie a partir do projeto pessoal de cada membro.

Algumas vezes, pode acontecer que alguém tenha exigências e expectativas exageradas para com a comunidade, até mesmo atitudes incoerentes, porque as pessoas não têm bem definido o seu projeto pessoal: sua identidade pessoal, seu compromisso vocacional, insuficiente conhecimento de seus próprios mecanismos de defesa, falta de clareza nos horizontes pretendidos por sua existência etc.

É de máxima importância que as pessoas que constituem uma comunidade tenham um tempo seu para refletir e elaborar o seu projeto pessoal. O retiro anual, sem dúvida, é um momento muito apropriado para o projeto pessoal.

Possível esquema de projeto pessoal

O *projeto pessoal* pode ser feito de múltiplas maneiras. À guisa de exemplo, proponho um possível esquema, mantendo ainda o princípio de que é bom que cada pessoa parta de um esquema seu e apropriado.

Quem sou eu?

Tentar uma definição de si mesmo, tomando consciência tanto das qualidades como dos defeitos. Não poucas vezes, os defeitos são o reverso das qualidades, e vice-versa. Não se trata de arrancar defeitos simplesmente, mas de orientar energias. Portanto, é uma tomada de consciência de si mesmo com o fim de conseguir aceitar-se em sua própria realidade.

O que pretendo fazer "em" e "de" minha vida?

Descrever os objetivos que proponho dar à minha existência com o fim de chegar a algo que valha a pena. E, ao mesmo tempo, observar a identificação desses objetivos pessoais com os do Evangelho e com os descritos no projeto ou definição da Congregação a que se pertence, conforme as Constituições. Ou seja, comprovar se os objetivos da Congregação e os pessoais são ou não coerentes e se têm capacidade de potencializar-se mutuamente. Pode haver objetivos pessoais que precisem passar para segundo plano ou que até mesmo sejam incompatíveis, pelo fato de se ter escolhido uma Congregação religiosa.

Por que faço o projeto pessoal?

Se devo elaborar um projeto comunitário com meus irmãos de comunidade, no interior de uma Congregação religiosa, parece óbvio que este parta da colocação em comum dos projetos pessoais devidamente discernidos e depurados de egoísmos e caprichos, congênitos ou adquiridos com o tempo. Esses três itens apontados até aqui constituem um processo para essa depuração.

Objetivos concretos que desejaria alcançar em minha vida

Poucos e bem precisos. Discerni-los para comprovar se são verdadeiramente coerentes com os objetivos congregacionais, com a vida religiosa em geral e, finalmente, com tudo o que significa uma vida de "seguimento de Jesus Cristo, no espírito das bem-aventuranças".

Objetivos concretos para o próximo ano

— Qualidades que deveria promover...

— Defeitos sobre os quais deveria prestar atenção...

Meios concretos que precisaria considerar com relação a

— Seguimento de Cristo, consagração, celibato, obediência, pobreza, comunidade, oração pessoal e comunitária etc.

— Missão eclesial, trabalhos ou tarefas diversas, relacionamento interpessoal, formação permanente etc.

Sistema de avaliação do presente projeto pessoal

É importante que a elaboração do projeto pessoal não constitua um ato isolado que passe para o esquecimento. Como um projeto é um "processo", interessa que continue seu curso dia após dia, de acordo com a evolução das pessoas no transcorrer dos diferentes tempos.

Anotações práticas para a elaboração do projeto comunitário

Uma vez exposta a doutrina sobre os elementos constitutivos do projeto comunitário, surgem diferentes perguntas acerca de sua aplicação prática. Vejamos algumas:

Quando é melhor fazer o projeto comunitário?

Parece, por várias razões, que o momento mais oportuno é o começo do curso. É possível que tenha havido alguma mudança de pessoal que, por estar vindo de outro ambiente, pode enriquecer nossa maneira de viver; terminou o verão, que foi causa de uma certa dispersão comunitária (cursos, visitas à família...), o que contribui para serenar espíritos, aquietar tensões, e parece que as pessoas estão mais dispostas a viver ideais e objetivos comuns. Não se produziu ainda o desgaste próprio do convívio diário; portanto, é, sem dúvida, um tempo excelente para uma real "colocação em comum" de opiniões e tendências. O prazer de voltar a se reunir é um momento psicológico muito válido para um clima de encontro comunitário.

Onde ou em que lugar elaborar o projeto comunitário?

O lugar ideal seria fora do imóvel da própria comunidade. Uma casa de campo ou uma casa de espiritualidade onde a comunidade possa passar quatro ou cinco dias num clima de fraterna convivência, de oração e de diálogo comunitário. A solidão do lugar contribui para evitar ser solicitado por campainhas, telefones, visitas e outras tarefas. Dessa maneira, está-se concentrado nas pessoas, na comunidade e no projeto que se pretende elaborar.

Um projeto comunitário realizado na própria casa pode sofrer de falta de concentração, de superficialidade manifestada por sessões curtas, interrompidas com ausências, chamadas telefônicas, ser excessivamente expeditivo e não chegar a um clima de suficiente cordialidade e fraternidade. Num projeto comunitário, têm muito mais importância o encontro interpessoal e o interconhecimento do que a legislação que dele se deduz. Sempre o que "se vive" é mais importante que o que "se faz".

Como elaborar o projeto comunitário?

Começar com um clima descontraído de intercomunicação. Se há alguma pessoa nova na comunidade, seria o caso de convidá-la a se apresentar e de se interessar por ela. Também o resto da comunidade deveria apresentar-se a essa nova pessoa. Uma celebração ou uma excursão, ou algo parecido, poderia ser um primeiro passo que conduziria a viabilizar o início do projeto comunitário.

E... como partir do projeto pessoal? Não é o caso de cada um ter de expor todo o seu projeto pessoal: isso não é necessário nem exigível. Não podemos exigir que alguém exponha sua intimidade para a comunidade. Trata-se sim de partir do projeto pessoal. E isso pode ser feito convidando-se cada membro da comunidade a falar à luz das duas questões a seguir, implícitas ou explícitas no projeto pessoal:

— O que você espera da comunidade para este ano?

— O que você pretende oferecer à comunidade este ano?

Nas sessões de elaboração do projeto comunitário, devem-se suscitar o diálogo e a expressão pessoal sem se afligir com a quantidade de tempo que isso possa pressupor; o fato de as pessoas se expressarem, mesmo que repetitivamente, é mais importante que a efetividade propriamente dita da reunião. Por meio do diálogo, num clima de calma e sossego, consegue-se valorizar e apreciar as pessoas, descobrimo-las em sua bondade e em sua própria originalidade e, com isso, mudamos nossas atitudes e preconceitos para com elas.

O fator "tempo" é um elemento que ajuda a aprofundar as questões, a descobrir novas maneiras de pensar e de agir e a renovar e enriquecer nossos pressupostos pessoais. Por isso, são necessários alguns dias de convivência e trabalho intensos para elaborar o projeto comunitário. Se for feito fora do ambiente da casa, quatro ou cinco dias são suficientes; no caso de precisar fazê-lo dentro do ambiente da própria casa e sem uma dedicação exclusiva a ele, talvez seja necessário um tempo mais prolongado.

Como ratificar o projeto comunitário?

Uma vez terminada a elaboração do projeto comunitário, a comunidade poderá determinar um prazo de duas ou três semanas para experimentá-lo, antes de considerá-lo aprovado definitivamente. Passado esse espaço de tempo, a comunidade relê o projeto comunitário, faz as modificações que sua experiência lhe ditar e aprova-o para depois submetê-lo ao veredicto do Provincial.

Posteriormente, em ato litúrgico (eucaristia ou outra celebração da Palavra), a comunidade ratifica-o, assinando pessoalmente cada um de seus componentes e inclusive renovando os votos; essa ratificação reforçará o compromisso comunitário a respeito de tudo o que se tenha escrito no projeto comunitário.

Conclusão

O projeto comunitário pressupõe uma ratificação de compromissos pessoais e comunitários; renovar os compromissos pressupõe que estes se vão tornando patentes. O relacionamento interpessoal é a base para uma vida segundo Deus, uma vez que se segue a Cristo com os outros, nunca sozinho e por mera iniciativa pessoal. Deus faz "aliança" sempre com um povo.

EPÍLOGO

Depois de haver lançado algumas reflexões sobre a animação comunitária, convém considerar que "a comunidade não é para a comunidade", isto é, que a comunidade não é um "fim", mas um "meio" que não pode ser menosprezado, por ser muito importante e até imprescindível. O fim será sempre o Reino de Deus. E, para esse fim, parte-se de uma intensa vida fraterna em comunidade, que vem a ser o motor da missão; ou seja, o carisma que anima a vida comunitária conduz a viver plenamente uma missão. Os dois aspectos, comunidade e missão, estão em simbiose. É um erro, e inclusive seria uma falsa concepção de vida comunitária, imaginar que esta poderia existir em detrimento da missão, ou que a missão dispersaria a vida comunitária.[1] Se isso se desse, de que comunidade se trataria ou que tipo de missão seria vivida? Quanto mais fraterna for a vida comunitária (VC 72), mais compro-

---

[1] "Além disso, a vida religiosa participa da missão de Cristo com outro elemento peculiar que lhe é próprio: *a vida fraterna em comunidade para a missão*. Por isso, a vida religiosa será tanto mais apostólica quanto mais íntima for a sua dedicação ao Senhor Jesus, quanto mais fraterna for a sua forma comunitária de existência, quanto mais ardoroso for o seu empenho na missão específica do Instituto" (VC 72).

metida ela estará na missão. Em vários documentos recentes da Igreja, repetiu-se que "a comunidade é missionária e a missão é comunitária".[2]

E ainda há mais: hoje se fala de *abertura das comunidades*. Abertura a quê? As comunidades devem irradiar sua vida evangélica e, além disso, devem ser centros de acolhida de novas vocações e de diferentes modalidades de solidariedade cristã. Por todas as partes, adotam-se formas de "missão partilhada" com leigos. É uma modalidade não só admitida, mas também impulsionada hoje plenamente pela Igreja. "Hoje, alguns Institutos, freqüentemente por imposição das novas situações, chegaram à convicção de que o *seu carisma pode ser partilhado com os leigos*. E, assim, estes são convidados a participar mais intensamente na espiritualidade e missão do próprio Instituto" (VC 54). Do mesmo modo, o Papa fala de leigos, voluntários e associados, inclusive de alguns que chegam a partilhar a vida comunitária de um Instituto durante um certo tempo, seja em Institutos contemplativos ou de vida apostólica: "Uma manifestação significativa de participação laical na riqueza da vida consagrada é a adesão de fiéis leigos aos vários Institutos sob a forma dos chamados associados; ou, conforme as exigências de alguns ambientes culturais, de pessoas que compartilham, durante um certo tempo, a vida comunitária e a particular en-

---

[2] "A comunhão e a missão estão profundamente unidas entre si, entrelaçam-se e envolvem-se mutuamente, a tal ponto que *a comunhão representa ao mesmo tempo fonte e fruto da missão: a comunhão é missionária e a missão é para a comunhão*. Sempre é o único e idêntico Espírito que convoca e une a Igreja e que a envia a pregar o Evangelho 'até os confins da terra'" (ChL 32).

trega à contemplação ou ao apostolado do Instituto, sempre que, obviamente, não sofra prejuízo algum a identidade em sua vida interna" (VFC 70).

Também houve experiências de algumas comunidades religiosas que acolheram em seu interior jovens que, tendo completado os estudos universitários ou estando já comprometidos com trabalhos profissionais no exterior, são admitidos para amadurecer em sua fé e discernir seu futuro. Essa experiência representa um desafio para a comunidade, uma vez que ela adquire uma responsabilidade para com esses jovens, à qual não pode furtar-se; e os jovens, por sua vez, sentem-se ajudados e impulsionados em sua fé pelo fervor da comunidade, por participar de sua oração, por compartilhar a Palavra de Deus, a eucaristia, a ação apostólica, a mesa e o descanso. Essa abertura obriga a comunidade a rever seu temperamento evangélico e sua modalidade de vida fraterna.

É preciso dizer, por mais que isso doa, que existem comunidades que não estão aptas para esse tipo evangélico de abertura, muitas vezes nem mesmo para acolher um noviço que realiza uma experiência comunitária durante um mês ou para receber um jovem religioso para fazer parte da comunidade. E não é porque as pessoas tenham defeitos (isso tem pouca importância), mas o motivo é a falta de impulso e de espírito evangélico das pessoas ou do temperamento dessa comunidade, que parece reger-se mais pela acomodação e por uma certa inércia. Esse aspecto pode parecer contraditório com o "rezar pelas vocações". Pedir a Deus vocações, por si só, exige de nós viver plenamente a vocação, pessoal e comunitariamente. Do contrário, a oração pelas vocações não seria senão um mero ritual rotineiro ou um conjunto de palavras vazias e sem sentido. Pedir a Deus que nos envie vocações precisa estar em relação com uma responsabilidade pessoal e comunitária na acolhida e no acompanhamento delas.

Pois bem, a abertura, no melhor sentido da palavra, comporta formar "comunidades religiosas com uma clara identidade carismática, assimilada e vivida, ou seja, capazes de transmiti-la também aos demais, com disponibilidade para compartilhar; comunidades religiosas com uma intensa espiritualidade e um grande entusiasmo missionário para comunicar o mesmo ânimo e o mesmo impulso evangelizador; comunidades religiosas que saibam animar e estimular os seculares a compartilhar o carisma do próprio Instituto, conforme sua índole secular e seu diverso estilo de vida, convidando-os a descobrir novas formas de atualizar o próprio carisma e missão. Assim, a comunidade religiosa pode converter-se num centro de irradiação, de força espiritual, de animação, de fraternidade que cria fraternidade, de comunicação e de colaboração eclesial, em que as diversas contribuições ajudam a construir o corpo de Cristo, que é a Igreja".

Ao desafiar os tempos presentes, colocamos em jogo o futuro. Talvez a animação comunitária, a partir do carisma originário, vivida a partir do seguimento de Cristo, seja o segredo da fidelidade à missão de salva-

EPÍLOGO

ção do mundo, que hoje cumpre realizar. É no interior da comunidade que procuramos descobrir a missão; e, partindo dessa mesma comunidade, alimentada pela partilha da Palavra de Deus, descobrimos o que Deus pede hoje a cada carisma congregacional, para o bem da Igreja e do mundo.

SUMÁRIO

Apresentação 7

Capítulo I
A ATUAL SITUAÇÃO
DA ANIMAÇÃO COMUNITÁRIA 15

Sociedade em processo de transformação:
"crise de espírito" e "crise de sentido" 15
Em "crise de transformação" 17
Exigência de um processo
de abertura para o futuro 18
Embora com dificuldades reais 19
Uma constatação: a defasagem
entre os documentos e a vida real 20
A mudança de sistema pede que se descubra
a maneira de viver 20
Uma tarefa fundamental: a animação comunitária..... 21

Capítulo II
A COMUNIDADE É ANIMADORA... DE QUÊ? 23

A partir da coerência "pessoa-vocação" 23
O específico de uma comunidade de consagrados..... 25
O amadurecimento pessoal no interior
de uma comunidade saudável 27

O que a comunidade anima? 28

A comunidade potencializa ou limita a pessoa? 29

Condições para a existência do grupo comunitário 34

Escalas de apreciação da comunidade 39

Capítulo III
BASE E OBJETIVO DA ANIMAÇÃO COMUNITÁRIA
A identidade carismática e profética 41

Um ponto de partida comum 41

O chamado de Jesus,
causa do *cor unum et anima una* 42

O impulso profético na vida consagrada 43

Características do profeta 46

A comunidade com identidade carismática 53

O dilema "carisma-instituição" 54

Os esforços para "sobreviver" (fazer)
em detrimento do carisma (ser)? 55

Fidelidade aos carismas sucessivos 57

O desafio do discernimento espiritual 59

A formação permanente,
meio de conversão contínua 60

Capítulo IV
O MINISTÉRIO DA ANIMAÇÃO
COMUNITÁRIA, TAREFA DE TODOS 63

Todos atraídos por idênticas
motivações e objetivos 63

Circunstâncias que podem se dar
na animação comunitária 64

A partir das diferenças ao *cor unum* 66

Mediante um processo
de permanente amadurecimento 66

A situação plural de nossas comunidades 68

Mesmo havendo mais consciência a respeito
da urgência de formação permanente 69

O envelhecimento da vida consagrada
com relação à sociedade 71

A situação pessoal dos consagrados 72

E com relação aos religiosos jovens 75

Capítulo V
A OROGRAFIA DA IDADE ADULTA
O adulto tem seu universo 79

O adulto: indivíduo em processo
de amadurecimento contínuo 79

O *homo religiosus* é *homo anthropologicus* 81

O amadurecimento afetivo
é tarefa para toda a vida 82

Uma realidade 84

Chegamos à idade adulta 85

A saúde do adulto 87

"Intimidade-geratividade-integridade" 88

A mudança — a crise 93

A implicação comunitária na crise pessoal 97

Aspecto religioso da crise 99

Precisões a respeito da maturidade religiosa 102

Conclusão 108

Caítulo VI
O SUPERIOR EM SUA "FUNÇÃO"
DE ANIMADOR DA COMUNIDADE 111

Por mais que seja tarefa de todos 111
O processo de evolução da obediência 112
Conteúdo da função animadora do superior 114
Como o superior situa-se na comunidade 117
Alguns aspectos práticos
da função animadora do superior 119
Objeto e conteúdos específicos
da função do animador comunitário 122
A autoridade no exercício
da animação comunitária 135
Limites da autoridade 140
A "aceitação das pessoas",
tarefa importante do superior 143
A "presença" do superior
no exercício da autoridade 146
A respeito das atitudes do superior na comunidade ... 150
Conclusão 152

Capítulo VII
O ACOMPANHAMENTO COMUNITÁRIO 155

Ponto de partida: a realidade humana
em suas várias etapas 155
O acompanhamento, tarefa de toda a comunidade.... 161
A construção da comunidade a partir
da própria comunidade 164
Assumir o cotidiano ou rotina da vida 167

O mistério da pessoa humana 168

O superior em sua missão de "acompanhante" 172

Uma imagem teológica do superior
como acompanhante 173

Algumas maneiras simples de análise
e de acompanhamento comunitário 175

Capítulo VIII
MEIOS DE ANIMAÇÃO COMUNITÁRIA 181

Conforme as Constituições 181

A orientação ou direção espiritual
coletiva da comunidade 182

A entrevista pessoal ou o relacionamento
pessoal entre o superior e cada pessoa 185

A reunião comunitária 191

A comunicação da informação 196

A comunicação de experiências 197

A revisão comunitária 199

Os retiros periódicos e anuais 201

O centro médico-psicológico 202

Capítulo IX
O PROJETO COMUNITÁRIO 207

Uma exigência de nossos tempos:
o discernimento de espíritos 207

É preciso fazer o projeto comunitário? 209

Origem do projeto comunitário 211

O que significa o projeto comunitário 212

O projeto comunitário como compromisso
para um processo evolutivo
de toda a comunidade 217

Necessita-se de "capacidade comunitária"
para elaborá-lo 218

Objetivo e conteúdos do projeto comunitário 220

Partes integrantes do projeto comunitário 221

Sobre o projeto pessoal 223

Possível esquema de projeto pessoal 225

Anotações práticas para a elaboração
do projeto comunitário 227

Como ratificar o projeto comunitário? 230

Conclusão 231

Epílogo 233